企·业·家 QIYEJIA

石油大王
洛克菲勒

刘干才 编著

SHIYOU DAWANG LUOKE FEILE

辽海出版社

图书在版编目(CIP)数据

石油大王洛克菲勒 / 刘干才编著. —沈阳:辽海出版社,2017.6
ISBN 978 - 7 - 5451 - 4178 - 8

Ⅰ.①石… Ⅱ.①刘… Ⅲ.①洛克菲勒(Rockefeller, John Davison 1839 -1937) -传记 Ⅳ.①K837.125.38

中国版本图书馆 CIP 数据核字(2017)第 137228 号

责任编辑:孙德军
封面设计:李　奎

出版者:辽海出版社
　　地　　址:沈阳市和平区十一纬路 25 号
　　邮　　编:110003
　　电　　话:024-23284381
　　E-mail: dszbs@mail.lnpgc.com.cn
　　http://www.lhph.com.cn
印刷者:北京一鑫印务有限责任公司
发行者:辽海出版社

幅面尺寸:155mm×220mm
印　　张:14
字　　数:218 千字

出版时间:2017 年 7 月第 1 版
印刷时间:2017 年 8 月第 1 次印刷
定　　价:29.80 元

《世界名人传记文库》编委会

主　编	游　峰	姜忠喆	蔡　励	竭宝峰	陈　宁	崔庆鹤
副主编	闫佰新	季立政	单成繁	焦明宇	李　鸿	杜婧舟
编　委	蒋益华	刘利波	宋庆松	许礼厚	匡章武	高　原
	袁伟东	夏宇波	朱　健	曹小平	黄思尧	李成伟
	魏　杰	冯　林	王胜利	兰　天	王自和	王　珑
	谭　松	马云展	韩天骄	王志强	王子霖	毕建坤
	韩　刚	刘　舫	宫晓东	陈　枫	华玉柱	崔　武
	王世清	赵国彬	陈　浩	芝　鼐	姜钰茜	全崇聚
	李　侠	宋长津	汪　裴	张家瑞	李　娟	拉巴平措
	宋连鸿	王国成	刘洪涛	安维军	孙成芳	王　震
	唐　飞	李　雪	周丹蕾	郭　明	王毓刚	卢　瑶
	宋　垣	杨　坤	赖晖林	刘小慈	张家瑞	韩　兆
	陈晓辉	鲍　慧	魏　强	付　丽	尹　丛	徐　聪
	主勇刚	傅思国	韩军征	张　铧	张兴亚	周新全
	吴建荣	张　勇	李沁奇	姜秀云	姜德山	姜云超
	姜　忠	姜商波	姜维才	姜耀东	朱明刚	刘绪利

	冯　鹤	冯致远	胡元斌	王金锋	李丹丹	李姗姗
	李　奎	李　勇	方士华	方士娟	刘干才	魏光朴
	曾　朝	叶浦芳	马　蓓	杨玲玲	吴静娜	边艳艳
	德海燕	高凤东	马　良	文　夫	华　斌	梅昌娅
	朱志钢	刘文英	肖云太	谢登华	文海模	文杰林
	王　龙	王明哲	王海林	台运真	李正平	江　鹏
	郭艳红	高立来	冯化志	冯化太	危金发	仇　双
	周建强	陈丽华	叶乃章	何水明	廖新亮	孙常福
	李丽红	尹丽华	刘　军	熊　伟	张胜利	周宝良
	高延峰	杨新誉	张　林	魏　威	王　嘉	陈　明
总编辑	马康强	张广玲	刘　斌	周兴艳	段欣宇	张兰爽

总　序

　　我们每个人心中都有自己崇拜的名人。这样可以增强我们的自信心和自我认同感，有益于人格的健康发展。名人活在我们的心里，尽管他们生活在不同的时代、不同的国度、说着不同的语言，却伴随着我们的精神世界，遥远而又亲近。

　　名人是充满力量的榜样，特别是当我们平庸或颓废时，他们的言行就像一触即发的火药，每一次炸响都会让我们卑微的灵魂在粉碎中重生。

　　名人带给我们更多的是狂喜。当我们迷惘或无助时，他们的高贵品格就如同飘动在高处的旗帜，每次招展都会令我们幡然醒悟，从而畅快淋漓地感受生命的真谛。只要我们把他们视为精神引领者和行为楷模，就会不由自主地追随他们，并深刻感受到精神的强烈震撼。

　　当我们用最诚挚的心灵和热情追随名人的足迹，就是选择了一个自我提升的最佳途径，并将提升的空间拓展开来。追随意味着发现，发现名人的博大精深，发现时代赋予我们的使命，发现最真实的自我；追随意味着提升，置身于名人精神的荫蔽之下，我们就像藤蔓一般沿着名人硕大粗壮的树干攀援上升，这将极大地缩短我们在黑暗中探索的时间，从而踏上光明的坦途。

不要说这是个崇尚独立思考的年代，如果我们缺乏敬畏精神，那么只能让个性与自由的理念艰难地生长；不要说这是个无法造就伟人的年代，生命价值并不在于平凡或伟大。如果在名人的引领下，读懂平凡世界中属于自己的那本书，就能够成为最好的自己。

名人从芸芸众生中脱颖而出，自有许多特别之处。我们追溯名人成长的历程，虽然每位人物的成长背景都各不相同，但或多或少都具有影响他们人生的重要事件，成为他们人生发展的重要契机，并获得人生的成功。

名人有成功的契机，但他们并非完全靠幸运和机会。机遇只给有准备的人，这是永远的真理。因此，我们不要抱怨没有幸运和机遇，不要怨天尤人，我们要做好思想准备，开始人生的真正行动。这样，才会获得人生的灵感和成功的契机。

我们说的名人当然是指对世界和人类做出突出贡献的伟大人物，他们包括著名的政治家、军事家、发明家、文学家、艺术家、思想家、哲学家、企业家等。滚滚历史长河，阵阵涛声如号，是他们，屹立潮头，掀起时代前进的浪花，浓墨重彩地描绘着人类的文明和无限的未来，不断开创着辉煌的新境界和新梦想，带领我们走向美好的明天。

政治家是指那些在长期政治实践中涌现出来的具有一定政治远见和政治才干、掌握权力，并对社会发展起着重大影响作用的领导人物。军事家是指对军事活动实施正确指引或是擅长具体负责军事行动实施的人，一般包括战略军事家和战术军事家。

政治家、军事家大多充满了文韬武略，能够运筹帷幄，曾经叱咤风云，纵横天地，创造着世界，书写着历史，不断谱写着人类的辉煌篇章，为人们留下了许多宝贵的精神财富和物质财富。

科学发明家是指专门从事科学研究和发明，并做出了杰出贡献的人士。他们从事着探索未知、发现真相、追求真理、改造世界和造福人类的大学问。他们都有献身、求实、严谨和持之以恒的精神，都具有一颗好奇心。从好奇心出发，他们希望探知事物规律，具有希望看到事物本质一面的强烈意识与探索激情。还有就是他们都有恒心，他们在科学研究中不断努力，努力，再努力，锲而不舍，具有永不止步的追求精神。

文学家是指以创作文学作品为自己主要工作的知名人士和学者等。其中，诗人是指诗歌的创作者，小说家指小说创作者，散文家指散文创作者，而文学家则是指在诗歌、小说、散文、戏剧等各种文学体裁领域均取得一定成就的创作者，他们是人类精神财富的创造者。

艺术家是指具有较高审美能力和娴熟创作技巧并从事艺术创作劳动而具有一定成就的艺术工作者。进行艺术作品创作活动的人士，通常指在绘画、表演、雕塑、音乐、书法及舞蹈等艺术领域具有比较高的成就，并具有了一定美学造诣的人。他们是生活中美的发现者和创造者，极大地丰富着我们的生活。

哲学家、思想家是指对客观现实的认识具有独创见解并能自成体系的人士。思想主要是用言语和符号来表达的，而致力于研究思想并且形成思想体系的人就是哲学家、思想家。他们用独到的思想解决生活中遇到的问题，且在此过程中逐渐认识自我与宇宙，以此解决人们思想认识上矛盾迷惑的问题。他们是我们人类灵魂的工程师，塑造着我们的人格，探讨所有人类重要的问题和观念，并创造出一种思考和思想的能力，闪烁着智慧的光芒，照耀着人类前进的步伐，推动着人类思想和精神不断升华，使人类不断摆脱低级状态，不断走向更高境界。人是有思想和精神的高级动物，因此，哲学家和思想家是人类不可或缺的，是我们人类的伟大导师。

企业管理家是最直接创造财富的人。他们创造物质财富，推动社会不断进步，使得人们更加幸福。财富虽然只是一个象征，但它与人们的生活、国家的发展、民族的强盛等息息相关。企业家也创造巨大的精神财富，他们在追求财富过程中所表现出来的创新、冒险、合作、敬业、学习、执著、诚信和服务等精神，是我们每一个人学习的榜样。

我们追踪这些名人成长发展过程中的主要事件，就会发现他们在做好准备进行人生不懈追求的进程中，能够从日常司空见惯的普通小事上，碰撞出思想的火花，化渺小为伟大，化平凡为神奇，从而获得灵感和启发，获得伟大的精神力量，并进行持久的人生追求，去争取获得巨大的成功。

影响名人成长的事件虽然不一样，但他们在一生之中所表现出来的辛勤奋斗和顽强拼搏的精神，则大同小异。正如爱迪生所说："伟大人物最明显的标志，就是他们拥有坚强的意志，不管环境怎样变化，他们的初衷与希望永远不会有丝毫的改变，他们永远会克服一切障碍，达到他们期望的目的。"

爱默生说："所有伟大人物都是从艰苦中脱颖而出的。"因此，伟大人物的成长也具有其平凡性。正如日本著名歌人吉田兼好所说："天下所有伟大人物，起初都是很幼稚且有严重缺点的，但他们遵守规则，重视规律，不自以为是，因此才成为名家并进而获得人们的崇敬。"所以，名人成长也具有其非凡之处，这才是我们应该学习的地方。

英国著名哲学家培根说："用伟大人物的事迹激励青少年，远胜于一切教育。"为此，本套作品荟萃了古今中外各行各业最具有代表性的名人，阅读这些名人的成长故事，探知他们的人生追求，感悟他们的思想力量，会使我们从中受到启迪和教育，让我们更好地把握人生的关键，让我们的人生更加精彩，生命更有意义。

简　介

约翰·戴维森·洛克菲勒（John Davison Rockefeller，1839～1937），美国实业家、慈善家，以石油工业与塑造现代慈善事业企业化结构而闻名。

1839年7月8日，洛克菲勒出生于纽约州里奇福德镇一个贫穷的家庭里。在家里6个孩子中排行第二。由于母亲一直对他灌输节俭、勤奋等观念，他从小便是个"口齿清晰，讲究方法，谨慎小心"的孩子。

1855年9月，16岁的洛克菲勒经过6个礼拜的求职后，终于在休伊特—塔特尔公司开始了第一份工作：簿记员，月薪是17美元。

1858年，19岁的他离职与克拉克合伙独立经营农产品生意。1863年，洛克菲勒和克拉克转向石油提炼投资，并和另一位合伙人，化学家安德鲁斯，成立安德鲁斯—克拉克公司。

1865年，洛克菲勒和合伙人克拉克在经营方针上出现严重分歧。最后，他大量借债筹措现金，成功将克拉克股权全数买下。

1866年，招入弟弟威廉·洛克菲勒为生意伙伴。1867年，招入亨利·弗拉格勒为另一合伙人，于是洛克菲勒—安德鲁斯—弗拉格勒公司诞生，这即是标准石油前身。

1868年，公司在克利夫兰拥有两处炼油区，并在纽约设有一交易点，已成为世界上最大炼油商。

1870年，他创立标准石油公司，在全盛期他垄断了全美90%的石油市场，成为美国第一位10亿美元富豪与全球首富。

1896年，57岁的洛克菲勒除了继续拓展营销外，还把很多精力投到了发展慈善事业上，他设立了"洛克菲勒基金会"，专门负责捐款。

1937年5月23日，98岁的洛克菲勒在他位于奥尔蒙德海滩的别墅里与世长辞了。他一生勤俭自持，年轻时便身居全球首富，并热心于慈善事业，成为美国近代史上最富传奇色彩与争议性的人物之一。

洛克菲勒创建了一个史无前例的托拉斯，他通过兼并和扩张垄断了美国石油工业，而被人称为"石油大王"。他合并了40多家厂商，垄断了全国石油工业。洛克菲勒成功地造就了美国历史的垄断时代。

洛克菲勒在他人生后40年致力于慈善事业，主要是教育和医学领域。他出资成立洛克菲勒研究所，资助北美医学研究，包括根除十二指肠寄生虫和黄热病，也对抗生素的发现贡献甚大。另外难得的是，他对黑人族群非常关心，并斥巨资提升黑人教育，广设学校。

洛克菲勒人生先是一段漫长而充满争议的商业历程，之后是一段慈善历程，所以，他的形象是复杂的。他过去的竞争者中，许多企业被逼破产，但也有许多企业将资产卖给他而获得了可观的利润。

虽然洛克菲勒的人生有这些不同，但他最终会被世人永远记得的或许依然是他财富的规模。1902年，他的财产是2亿美元，而美国GDP是240亿美元。随着美国的现代化，能源需求大量增加，他的财富继续快速飙涨，在第一次世界大战前夕达到了约9亿美元。

在1937年洛克菲勒去世时，他的财富总值估计为14亿美元，而美国GDP为920亿美元。洛克菲勒的财富在整个20世纪，依然让他的后辈在慈善、商业以及政治方面得到了许多帮助。

目　录

贫穷少年早当家 …………………… 001
自信的勤俭少年 …………………… 008
与伍定太太争论 …………………… 012
把握人生转折点 …………………… 017
艰辛的求职之路 …………………… 021
很较真的簿记员 …………………… 026
受到老板刮目相看 ………………… 029
自筹资金创业 ……………………… 034
创业初的失误 ……………………… 040
合伙人的冲突 ……………………… 043
抓住投资机会 ……………………… 051
初涉炼油业 ………………………… 059
建立幸福家庭 ……………………… 065
合伙人分道扬镳 …………………… 069
进军欧洲市场 ……………………… 073
志同道合的帮手 …………………… 078

降低成本的探索 …………………………… 083
标准石油的兼并行动 ……………………… 091
铁路联盟的无情垄断 ……………………… 101
收购战中的得力助手 ……………………… 105
遭遇倒戈之战 ……………………………… 113
油管之战的胜利 …………………………… 119
解散联合企业 ……………………………… 123
发明新的脱硫法 …………………………… 129
涉足钢铁和金融业 ………………………… 136
适时改变经营策略 ………………………… 147
慈善事业的开创者 ………………………… 157
组建医学研究所 …………………………… 166
走向慈善事业的顶峰 ……………………… 174
快乐的老年生活 …………………………… 181
完美的人生终点 …………………………… 186
一生最大的财富 …………………………… 194
延续财富神话 ……………………………… 201
附：年　谱 ………………………………… 208

贫穷少年早当家

1839年7月8日,在纽约州里奇福德镇的一个农场里,一个男婴呱呱落地,来到了这个生活杂乱的家庭。

这个男婴被他的父亲取名为约翰·戴维森·洛克菲勒。谁也没想到,他就是日后享誉世界的"石油大王"洛克菲勒。

人们都称洛克菲勒的父亲威廉·埃弗里·洛克菲勒为"大比尔"。他是个风流倜傥、放浪不羁的男人。他虽然拥有土地,却不喜欢务农。富有冒险精神和生意眼光的"大比尔"把土地租给别人耕种,自己做起推销盐、皮毛、马匹和小首饰等杂货的小生意。

后来,"大比尔"又凭着看过两本医书的底子,当上了江湖医生,走南闯北,到处兜售药品。是否治好了病人,没人知道,可是钞票却赚了不少。他偶尔回一次家,总是揣着大把的美元,还从中抽出一两张一元的新票子送给儿子当礼物。

约翰·洛克菲勒有两个姐姐,其中一个是洛克菲勒的母亲阿莱扎·戴维森·洛克菲勒所生;另一个是家中的管家南希·布朗所生。他们有一个共同的父亲：威廉·埃弗里·洛克菲勒。

原来，"大比尔"在与阿莱扎之外，还与家里的女管家私通并生了一个孩子，而且这种私通关系至少维持了5年。在洛克菲勒出生后不久，南希·布朗的第二个女儿也出生了。

南希在生完第二个女儿后，或者是因为地位问题，或者是觉得"大比尔"根本无法指望，经常与"大比尔"大吵大闹，后来干脆另嫁他人。10多年后，42岁的"大比尔"本性不改，私下里与17岁的玛格丽特私通并结了婚，过起重婚者的生活。

南希离开后，洛克菲勒的妈妈阿莱扎的生活并没有好转。其实阿莱扎从一开始就没有怨恨过南希。

一方面缘于她坚定的宗教信仰，她不会怨恨任何人，也不应该怨恨任何人；另一方面，她的父亲一开始就反对她嫁给威廉·埃弗里·洛克菲勒，因为他认为"大比尔"接近阿莱扎就是要从自己这里圈钱，更不相信这个不靠谱的女婿能够给阿莱扎带来幸福。时间似乎越来越证明父亲的判断是对的。而这些，都让刚强的阿莱扎不能后悔。

阿莱扎依然相信"大比尔"会随着年龄的增长会收住性子，尽到一个父亲应尽的职责，否则她也不会在"大比尔"动辄长时间外出后，自己料理家中的50亩地。要知道，就算阿莱扎生长在农村，料理50亩地也是一项超负荷的工作。

阿莱扎第一次与"大比尔"见面，芳心就被高大英俊的他俘虏了。虽然"大比尔"经常不在家，但是只要他一回来，就会滔滔不绝地讲述各地见闻，既幽默又风趣，加上每次回家时都准时到商店结清赊账款，所以阿莱扎还是对"大比尔"难以舍弃。直至当阿莱扎知道"大比尔"与别人结婚后,才对丈夫没有什么指望与依靠了。

而"大比尔"在失踪期间却过得很快乐,他做木材生意赚了大钱,同时还投资收费道路。但是随着纽约州和宾州开始在道路上增设铁轨,摩拉维亚镇也开始修建这种铁路,"大比尔"因此遭到破产。

贫穷的生活,加之父亲经常在外,那么洛克菲勒究竟依靠什么成长的呢?答案是母亲和信仰宗教。

洛克菲勒的母亲阿莱扎是一位十分虔诚的基督教徒。她性格坚强,勤劳节俭,从不发脾气,也不大声说话,总是平静地承受着生活的压力。可是孩子们在她严厉的目光下,却对她敬畏有加。这种不言自威的特点完全被洛克菲勒继承下来了。

洛克菲勒后来把自己的慈善事业归功于母亲的无私奉献精神的影响。他很小就明白上帝希望信徒去挣钱,然后再把钱捐赠出去,这将是个永不停止的良性循环。

因为洛克菲勒从小就不断受到各种清教格言警句的熏陶,所以他以此作为个人的行为准则。他的许多清教徒观念尽管在下一代人看来似乎已经过时,却恰恰是他少年时的宗教常识。

"我从一开始接受的教育就是要干活攒钱,"洛克菲勒说,"光明磊落地挣钱,然后尽我所能地给予。这一向被我视为一种宗教义务。在我还是个孩子时,牧师就教我这样做了!"

从7岁起,洛克菲勒基本上就承担了常年不在家的父亲的工作,既要帮母亲做家务,还要照顾弟弟妹妹,带领他们去参加浸信会活动。与许多孩子相比,洛克菲勒不仅早熟,而且明白生活的艰难。

清晨4时，天边刚透出一缕晨曦，就传来母亲的呼唤："约翰！赶紧起床吧！"

洛克菲勒一边揉着眼睛，一边赶紧穿衣服。他拿起一只铁桶，来到昏暗的谷仓，站在奶牛刚刚爬起的地方来温暖他的双脚。

他熟练地挤着牛奶，奶牛友好地对他"哞哞"叫着，像是对他道"早安！"挤完奶，他亲热地用手抚摸着牛的脊背，放好铁桶，又拿起工具，跟着母亲去侍弄菜园。

那是一块马铃薯田，长得十分茂盛的深绿色枝叶挂着露珠，不一会儿就把洛克菲勒的裤脚弄湿了。清凉的晨风又"呼呼"地刮过来，弄得洛克菲勒身上阵阵发冷，禁不住打起了喷嚏。

"约翰！赶快回家吧！该去上学了。"母亲直起腰，擦着头上的汗，呼喊着。

"还来得及，再干一会儿吧！"洛克菲勒心疼母亲，总想尽量多帮助她干些活儿。

"威廉！你去打扫一下院子。"洛克菲勒对弟弟下命令。

"哥哥，我饿了！"最小的弟弟富兰克林叫着。

吃饭的时间到了。洛克菲勒赶紧把面包、牛奶放到桌上。"孩子们！开饭了！"

他像家长似的喊着。弟、妹们对这位长兄总是言听计从。

过早地承担责任，养成了洛克菲勒自信、果断、不怕吃苦的特点，也练就了坚强的毅力。这也为他成人之后的经商，奠定了不怕磨难的基础。

最难的是，因为父亲经常不在家，经济上很拮据。洛克菲勒不得不帮助母亲精打细算，想方设法节省家里的开支。他们还经常到食品店赊购食品，等着不知道什么时候会突然归家的父亲去付账。

在一般孩子眼中，钱肯定是个神奇的东西。可是小小年纪的洛克菲勒却已经懂得如何挣钱、如何存钱和如何使用钱，如此精打细算实在是一件难得的事情。

已经7岁的洛克菲勒偶然在灌木丛里发现了一个野火鸡窝，一只羽毛艳丽、脸儿红红的大火鸡正趴在窝里孵蛋。洛克菲勒瞪着好奇的眼睛，默默地在心里盘算着："要是把孵出来的火鸡抱回家养起来，等它们长大了卖出去，一定能赚到不少钱哩！"

于是洛克菲勒每天都要到树林里，偷偷探望自己的新朋友——那只大火鸡。大鸡妈妈终于摇摇摆摆地走出鸡窝，一边"咕咕"叫着，一边在泥土里觅食，后面跟着10多只小火鸡。洛克菲勒高兴得心都要跳出来了！

洛克菲勒悄悄地走过去，抱起几只小火鸡，然后一口气跑回了家。他把自家仓房的一角当作小火鸡的家，天天找来小虫子和奶酪来喂养它们，兴致勃勃地看着小火鸡渐渐长大。

到了感恩节，小火鸡都长大了。洛克菲勒把它们装在筐里，到附近的农家挨门挨户地推销。农妇们看到这些火鸡确实又大又便宜，都争抢着购买。洛克菲勒摸着鼓起的腰包，高兴得在地上竖起了"蜻蜓"。他的存钱盒里镍币和银币多了起来，又都变成一张张绿色的钞票。

尽管赚了钱，但是母亲却又气又恼，狠狠地揍了洛克菲勒一顿。可是"大比尔"却引以为豪，夸赞了儿子一番。

当洛克菲勒看到邻居的一位头发花白的老人在地里吃力地挖土豆时，便走过去问道："您是不是需要我的帮助呢？"

老人高兴地雇用了他。他挖了3天土豆，每天得到0.32美元的工钱。他一分没花，全拿到家里储存在一个木盒里。

在一个漆黑的深夜，"大比尔"突然回到家里。他走进儿子的房间，对儿子说："把你的木盒拿给我看看。"这是"大比尔"最喜欢做的事，他每次都看到，木盒里存的钱在增加。他知道，儿子从不乱花一分钱。

可是这一次木盒里的钱却一下子少了许多，"大比尔"立刻板起面孔，厉声问道："怎么只有这一点？钱都哪儿去了？"

洛克菲勒目光平和，默不作声。

"大比尔"刚要发作，洛克菲勒却笑着说："我把存起的50元钱都借给附近的农民了。利息是7.5%。到了明年，我就能拿到3.75元的利息了。"停了一会儿，他又平静地说："我要让金钱当我的奴隶，我可不能当金钱的奴隶！"

"大比尔"简直不敢相信自己的耳朵。看到年仅12岁的儿子懂得放贷款赚钱，还说出那样深刻的话，他的火气顿时烟消云散。他满意地用大手抚摸着儿子的头，不停地称赞。

洛克菲勒又开口了："爸爸，我在咱家地里干活，您该给我工钱。明天我把账本拿给您看，每小时您就给0.37元吧！不过，这样出卖劳动力很不合算。"

对这个要求，"大比尔"并不感到奇怪，反而认为合情合理，因为"大比尔"对他的孩子们早就实行"按劳付酬"的"政策"了。看到儿子如此精明，他打心眼里感到放心和高兴，心想："这小子将来说不定会有出息呢！"

小小的年纪就成了家里顶梁柱的洛克菲勒，他的雄心壮志也令人惊叹不已。

一个夕阳西下的傍晚，洛克菲勒刚刚砍柴回来，小伙伴们来找他。"约翰！我们出去玩吧！"

"好吧！我正想歇歇呢！"洛克菲勒回答道。

于是小伙伴们一同在萨斯奎汉河边散步，兴高采烈地说着一些趣事，可是洛克菲勒却好像充耳不闻。他盯着一位路过的富商模样的人，忽然用一种不容置疑的口气说："等我长大了，我要有10万美元。我会有的——总会有那一天的。"

小伙伴们惊讶地瞪大了眼睛，看着这个做着发财梦的人。10万美元在那个时候可不是小数字，当时有1万美元就可以称为富人了，10万美元可以买下几百亩的土地呢！

自信的勤俭少年

洛克菲勒和弟弟威廉是在1852年8月进入奥韦戈中学学习的。

这所学校是当时纽约州地区最好的中学，建于1827年，它有一幢三层高的楼房，楼房上面是尖尖的屋顶。校园里还有宽敞的运动场和大片的草坪。这一切都让兄弟俩感到新奇和喜悦。当时在美国农村，上中学的孩子可谓凤毛麟角。

"大比尔"到处兜售药品，总还是有些收入，所以兄弟俩才能进到这所最好的学校。洛克菲勒对这样好的学习机会无比珍惜，尽管他承担着繁重的家务，但是他的学习却一点没落下。虽说他一点不出众，可是很勤奋。

"约翰！该睡觉了，明天还要早起下地呢！"母亲不停地催促着。

"我的作业还没完成，不能睡。"洛克菲勒一边回答，一边认真地做着数学题。他在数学上很有天赋，学习起来一点不感到吃力。

"你怎么动我的书？"桌子那边，富兰克林一边吼着，一边打了妹妹一巴掌，妹妹哭起来了。威廉用小纸团瞄准富兰克林的头，一下子弹了过去。富兰克林又拿起长格尺当作剑，对着威廉比比画画。兄妹们围着一张桌子打打闹闹，简直像集市一样。

只有洛克菲勒安静地坐在一旁，认真地思考着题目，好像什么都没有听到。

"约翰的自制力一向很强。"母亲向邻居们夸赞着。他是真想学到一些东西，为了这个目标，他不怕吃苦。

洛克菲勒的家离学校大概有3000米的路程。每天，洛克菲勒早晨从菜地里回来，才和威廉赶紧背起书包上学。天气好的时候，兄弟俩经常赤着双脚，走在尘土飞扬的大街上，一边走一边欣赏着道路两旁整齐的楼房。虽然学校里大多数学生家庭生活很富裕，常常乘坐马车去上学，但是洛克菲勒却从不羡慕，总是兴致勃勃地走着。

有一天，威廉突然拉住洛克菲勒的手说："我今天感到很累，咱们也乘马车吧！"

洛克菲勒用沉静的目光打量着威廉，过了一会儿才说："我们不能浪费这笔车费，你实在不想走，那就坐同学的马车捎个脚吧！"

正在这时，一辆马车擦身而过。车上一个穿着整洁的男孩喊着："喂！约翰！上我的车吧！"

马车停了下来，兄弟俩赶紧上了马车。坐在高高的车座上，看着路边的景物飞快地闪过，真是别有一番风味啊！

兄弟俩刚到教室里坐下，老师陪着一位挎着照相机的陌生人走进了教室，兴奋地说："孩子们，今天报社的摄影记者要给我们班级的同学拍几张照片，要登在报纸上宣传我们的学校，大家可要坐好啊！"

老师开始了讲课。同学们都正襟危坐，瞪大了眼睛盯着黑板上的字，摆好了拍照的姿势。洛克菲勒和威廉也神情庄重地期待着拍照。"咔！咔咔！"照相机不停地响着，记者从不同的角度拍了好几张照片，然后对大家摆摆手，满意地走出了教室。

过了几天，照片洗出来了。全班同学每个人都买了一张，惊喜地在照片中寻找着自己。"快看啊！我在这儿呢，眼睛睁得太大了。"一个女孩兴高采烈地说。

洛克菲勒发现，他们身边的同学都出现在照片里，唯独没有他们兄弟，哪张照片上都没有啊！他心里明白了：大家都穿着整齐，而他们兄弟的衣服太寒酸了，所以记者的镜头避开了他们，他的心里不免有些难过。

"为什么没有我们？"威廉委屈地说，有些愤愤不平。

"这没什么。我们能在这里学到很多东西，这才是最重要的。"洛克菲勒安慰着弟弟，又很高兴地与同学一起观看照片，并且也买了一张，当作宝贝似的珍藏起来。

洛克菲勒从不因为自己的穷困而羞愧，有时受到欺侮也不耿耿于怀，总是不卑不亢，以平等的态度与城里的孩子相处。他的眼睛盯着的，是切实可行的目标。

有一天，洛克菲勒和弟弟上山砍柴时，看见皮毛商人奥利弗背着在附近村镇收购来的皮毛，吃力地向他们走来。奥利弗把一捆皮毛摔在地上，气喘吁吁地对洛克菲勒兄弟俩说道："这鬼东西累死我了，今天收得太多了。你们在干什么？"

洛克菲勒说："我们兄弟俩正准备砍柴呢！"

奥利弗叹道："我真羡慕你们的父亲，他有你们这样的帮手，可我却没有这个福分!"

"可你是商人啊,会发财的。"洛克菲勒带着几分羡慕地说。

奥利弗苦笑一下,说道:"鬼知道靠这点皮毛什么时候才能发财!我这个年纪,已经有点走不动了。"

洛克菲勒看了看奥利弗汗渍斑斑的衣服,问道:"你还要走多长的路才能回到你的收购点呢?"

奥利弗说:"大概还有7000米。"

洛克菲勒说:"奥利弗先生,不然我来帮你吧!"

奥利弗看了看洛克菲勒健壮的身体说:"好啊!你帮我把皮毛送回去,我付给你一美元的酬金。"

"好的。"洛克菲勒高兴地回答。

没过两个小时,洛克菲勒就拿着一美元回来了。洛克菲勒用这一美元买足了他们兄弟俩下学期的学习用品。

与伍定太太争论

洛克菲勒的祖辈原先是法国人,后来他们移民到德国的莱茵河畔,在1723年又迁居到美国的新泽西州。

1832年至1834年间,洛克菲勒的祖父带着全家老小,和许多拓荒者一起,赶着装满家当的大篷车,来到了纽约西部的一个荒僻之地——里奇福德。等到洛克菲勒出生时,那里已初具小镇规模了。

在洛克菲勒4岁的时候,他们全家搬迁到纽约西部的摩拉维亚镇。他们在城北的乡下,盖起了一幢整洁的二层木板房。乡下的环境非常优美,房后是高耸的松树和铁杉树林,远处是郁郁葱葱的山峦。奥瓦斯科湖面上闪现着波光,像是撒满了灿烂的星星。洛克菲勒喜欢跟着父亲到湖里钓鱼,更喜欢一个人到树林里嬉戏。

在洛克菲勒14岁的时候,他们全家又搬迁到伊利湖畔的克利夫兰,它是俄亥俄州的一座新发展起来的城市。

对于再次搬家,洛克菲勒显然非常不高兴,于是不解地问道:

"爸爸！我真舍不得奥韦戈中学，我们为什么又要搬家呀？"

"大比尔"瞪了儿子一眼，充满自信地回答道："你懂什么？我们到克利夫兰是为了挣更多的钱！"

听到"大比尔"的回答，洛克菲勒的弟弟威廉便好奇地问道："为什么到克利夫兰就能赚钱呢？"

"大比尔"接着用非常夸张的语气说："克利夫兰可不是一般的地方啊！它除了铁路，还有伊利湖、伊利运河和哈得沙河，简直就像个湖滨的商港。中西部平原生产的粮食、高级火腿，密西西比出产的铁矿石，宾夕法尼亚的煤炭，都在那里运进运出。想发财的人都向往这里啊！"

洛克菲勒逐渐兴奋起来，说："这么说，我们是到一个好地方了。"于是对未来的向往在淡化着洛克菲勒对奥韦戈的留恋之情。

洛克菲勒全家在离克利夫兰10千米的斯特朗思小镇安顿下来，起初住在父亲妹妹家里，很快他们在镇边一个小农庄里找到了住处。

1854年，15岁的洛克菲勒进了镇上的一所中学读高中。学校里规定：每个学生必须就四个题目写出作文才能升级。因此洛克菲勒在这所学校接受了严格的作文训练。

这所学校校长的思想十分开通，他以奉行自由化的教育思想而闻名。学校里经常搞演讲比赛，偶尔由校长出题，然后让学生展开辩论，气氛十分活跃。洛克菲勒也因此受到了民主主义思想的熏陶，他成年之后，并没有强烈的种族主义思想大概与这有很大关系。

有一次，学校出的辩论题目是《自由》。当时的美国南方还存在着奴隶制度。对于是不是应当废除奴隶制，在新开发的地区要不要实行奴隶制度，这些问题在社会上存在很大的分歧。

而洛克菲勒作为一个坚定的废奴主义者，他一反平日的沉默寡言，站在讲台上，用准确的语言、清晰的条理，慷慨激昂地说："人奴役人，既违反我国的法律，也违背上帝的意旨。"他甚至还预言："如果奴隶制度不废除，它将会毁灭我们的国家！"

接着洛克菲勒又用激烈的言辞谴责了僧侣和贵族："他们千方百计地维护自己的特权，他们是阻碍社会和平民百姓发展的真正敌人！"

中间有几个同学站在维护奴隶制立场上，起来反驳洛克菲勒，洛克菲勒唇枪舌剑，予以反击。他把自己的观点阐述得头头是道，又不乏幽默，不断博得同学们热烈的掌声。

最后他又说道："只有到了人民都受到教育，并且开始独立思考的时候，世界才会进步。平民百姓人人都有发展自己的自由权利，这才是社会进步的标志。"

由于洛克菲勒善于演讲，他的"超群的辩论家"的大名很快在学校里广为流传。又因他在演讲时的第一句话总是："本人既荣幸又遗憾。"于是，一个绝妙的绰号"既荣幸又遗憾先生"又落在他的头上。他倒是很为这个绰号得意呢！

"大比尔"为了方便洛克菲勒兄弟上学，就让洛克菲勒和威廉寄居在克利夫兰城里的伍定太太家里。伍定太太家是个和谐的家庭，因为她的丈夫是个生意人，经常从外地带回来许多新消息。她还有一个女儿，是个性格开朗的姑娘。

对于洛克菲勒来说，伍定太太家有的时候还真不失为一个接受教育的好地方。每天晚餐过后，洛克菲勒兄弟和伍定太太一家人一起围坐在壁炉前，一边喝着茶，一边讨论着各种社会新闻。

虽然伍定太太的女儿玛萨不喜欢别人把她当作小姑娘，她表达自己看法的愿望总是很强烈。她经常参与对一些话题的讨论，而在讨论中伍定太太的机智和敏捷也通常会使讨论变得妙趣横生。

有一天晚上，伍定先生忽然提出了一个问题，征求大家的意见："今天，一个朋友跟我借了一些钱，他说要给我利息，我没表态。你们说我该不该要利息呢？"

"当然不该收！借钱给别人是帮助别人，怎么能图别人的好处呢？如果收了利息，从道德上是说不过去的。"伍定太太一边缝着手里的花边，一边坚决地对伍定先生说道。

"你说呢？"伍定太太接着征询洛克菲勒的意见。

洛克菲勒没有太多的犹豫，他表情严肃地回答道："我看应该收，我以为收利息是对自己付出的回报，合情合理，理所当然。"

"难道连朋友的情谊都不讲了吗？"听到洛克菲勒的意见，伍定太太马上进行了反驳。

当然洛克菲勒也绝不会让步，继续说道："我以为这完全是两回事。友情归友情，借贷归借贷。"

伍定太太显然无法接受这个"无情"的观点。于是她与洛克菲勒争论得面红耳赤，直至伍定先生宣布"休战"，他们才停了下来。

第二天晚上，洛克菲勒和伍定太太一家人又会有新的题目议论了。在这之后的一天，"大比尔"在出门之前发现身上没有现金了。恰巧因为下雪的缘故，城里的大多数银行都要很迟才能开始营业，有的银行干脆就不营业了。

由于"大比尔"出门要坐车,还要买些东西,于是"大比尔"感到非常的窘迫。而洛克菲勒身上刚好有50元钱,他提出借钱给"大比尔",不过要收取一分利,也就是5美元的利息,而且期限是两个星期以内必须归还。

"大比尔"看着洛克菲勒,居然十分赞许地笑了,并且开始十分认真地跟洛克菲勒谈起借钱的条件。"大比尔"不愧是个压价能手,洛克菲勒最后不得不以4美元利息借给他50美元,并以15天之内还钱为条件和"大比尔"达成协议。最后"大比尔"乐呵呵地走了。

后来,洛克菲勒仔细地算了算,他在去年帮一个农场干活的时候,每天的工资是30美分,干了两个星期他们才付给他4美元,而今天这4美元不需要他付出一点点劳动。他突然认识到,用钱本身来赚钱要比出卖自己的劳动更容易,而且显得更有智慧。

洛克菲勒因此觉得和伍定太太的争论已经没有必要继续了,因为这件事使他认定了最初的看法。他认为谁也不应该沦为金钱的奴隶,而应该让金钱成为自己的奴隶,特别是对于他自己来说。

晚上"大比尔"回来的时候,洛克菲勒把这个看法告诉了他。"大比尔"十分惊讶,看洛克菲勒的神情好像不认识他似的。不过"大比尔"仍然十分兴奋地夸奖了他,说今天借钱给他的行动非常有经营头脑。

洛克菲勒心想:"没错,我的确可以靠自己的头脑能尽快地摆脱你的经济控制了。"虽然这4美元只是个小小的数目,特别是对于他将来大的目标而言,但它的确是一个不错的开始。

把握人生转折点

1855年5月初,"大比尔"给洛克菲勒写了封信,信中说他自己可能无力供洛克菲勒完成中学学业,希望洛克菲勒思考一下自己的下一步怎么走。在信中,父亲还暗示说,很多商人读过商业培训班后,就到小公司应聘去了。

父亲的来信,对于洛克菲勒来说既是好消息又是坏消息。一直以来,家里的支出确实靠父亲给的钱。可是这些钱向来都不稳定,时有时无,这让洛克菲勒心中很不是滋味。

从记事起,除了偶尔与父亲有过快乐时光外,父亲给洛克菲勒的印象始终是不靠谱的。现在,这个不牢靠的依靠明确告诉洛克菲勒必须自己养活自己,并且要养活弟弟妹妹。

"人生只有靠自己,做生意要趁早。人生只是钱!钱!钱!在美国尤其如此。"父亲每次回来,总是不厌其烦地给洛克菲勒洗脑,向他灌输金钱意识和商业意识。

"既然这样,那好吧!"洛克菲勒一边心中反复念叨这句话,一边也产生了一种释放感。当然,他还有个重要任务,那就是说服母亲,允许自己辍学。

过去,念大学是洛克菲勒的心愿,也是母亲的心愿。这时,离中学毕业还有两个半月,现在不想继续念书,总得有个过硬的说法才行。在向母亲表达之前,洛克菲勒决定先求证一下,是不是经过商业培训后,就可以去商业部门应聘。经过向几个长辈请教,又走访了几家公司,他得到明确答复想在商业公司有所发展,就必须经过培训或有这方面的天赋。而洛克菲勒恰恰富有经商的头脑。

于是,洛克菲勒鼓足勇气向母亲摊牌:"我不上学了。"此前,他曾表示要读大学。这是洛克菲勒平生第一次摊牌。

在日后漫长的商业生涯中,洛克菲勒最擅长的手段之一,就是摊牌。与竞争对手摊牌,与合作伙伴摊牌,应该摊牌的时候,洛克菲勒从来没有心软过,犹豫过。谋定而后坚决行动,这是成就大人物的关键品质,洛克菲勒在16岁时就已经表露无遗。

只是,这是洛克菲勒最艰难的一次,因为摊牌对象是母亲。母亲很惊诧地看着洛克菲勒,母亲明白,儿子已经打定主意不读书了。

令洛克菲勒感到惊讶的是,母亲只是犹豫了一下便答应了。"不过,我很想知道你的下一步打算。"

"我想去读商业培训,就是记账的那种。"稍稍犹豫了一下,洛克菲勒还是加了一句,"对了,爸爸好像也是这个意思。"

"噢,是这样啊!那要多长时间?培训费是多少?"母亲心里嘀咕着。她太了解自己的这个儿子了。

"40美元。"洛克菲勒回答道。

"钱从哪里来,你想过吗?家里没钱。"母亲忧虑地问道。

"我想向爸爸借,我付给他利息。"洛克菲勒说。

母亲点了点头,说:"好的。我没意见了。等你什么时候赚到钱,还可以继续念书。"

"不!我要赚钱,要保证弟弟妹妹上学,要让妈妈过上不缺钱的日子。"洛克菲勒激动地说道。

第二天一早,洛克菲勒给父亲写了封信,说明自己的决定,并在信中附上借款合同文书。一周后,爸爸寄来了40美元,另外寄来了贷款合同。

1855年5月26日,洛克菲勒正式向学校校长表示了辍学意愿,离开了学校。校长和老师无一例外地用异样的眼光看着这个平素沉默寡言的孩子:7月16日就毕业了,这孩子哪根筋出了问题,一定要在5月底就离开学校?

当然,校长和老师都没有过于勉强,读书毕竟还不是当时社会的主流。虽然洛克菲勒读书很认真,但不是学习特别优秀的那种学生,没有哪一门功课是班上数一数二的,所以没有值得惋惜或者劝他继续学习的特别理由。

此外,洛克菲勒也不是讨人喜欢的学生,他的举止言谈简直就是个成人,班上同学不太愿意理这个没趣的家伙。多年以后,当洛克菲勒已经是美国数一数二的商业大亨,也已经是克利夫兰的最著名的人物了时,老师们对他的回忆基本上都是模糊的。

偶尔有人记得,也只是说:"噢,好像是有个不肯要毕业证的学生。"可是,没人记得那个学生叫洛克菲勒。

辍学的第二天,洛克菲勒揣着从父亲那里借来的40美元,兴冲冲地来到福尔索姆商学院报名，进行了3个月的培训。受训课程主要有复式簿记、清晰书写、外汇业务和商业法等。

洛克菲勒要么是课程排得满，要么是迫切渴望工作，或者两个原因都有，他一点也没感到任何不适应。3个月后，顺利地拿到了结业证书。

这次培训并没有让洛克菲勒有什么特别改变，毕竟培训的只是些实用课程而已。唯一值得一提的，就是认识了长自己10岁的英国人莫里斯·克拉克。

那个时候，克拉克已经工作多年，洛克菲勒从他身上了解了不少打工经验。而洛克菲勒的冷静判断，显然也给克拉克留下了印象。两年以后，洛克菲勒与克拉克合伙开了公司。

洛克菲勒的人生，因为这次商业培训而彻底改变。洛克菲勒家族，因为这次培训而有了萌芽。美国的现代商业，也因为这次培训而有了雏形。当然，充满罪恶与血泪的石油大竞争，也因为这次培训而孕育了种子。

艰辛的求职之路

商业培训结束后,洛克菲勒带着初生牛犊的勇气,开始踏上了求职路。因为没有有权势的亲戚提携,他只能靠自己。他找来一本全城的工商业名录,寻找着知名度高的公司和大企业的名字。

"妈妈,明早6时,请务必叫醒我。"尽管洛克菲勒相信自己会准时起床,但为了以防万一,他还是在睡前央求母亲叫醒自己,以免影响第一天的求职工作。

"好的,儿子!"母亲爽快地答应了。

第二天一大早,还没等母亲叫,洛克菲勒就已经起床了。衬衣、领带、裤子、背包,每一样都检查了一遍,确保每一样都干净后,洛克菲勒又擦了一下鞋子。

求职第一天,洛克菲勒决意要保持干净、整洁,尽管他一向是这样的,但还是不敢掉以轻心,唯恐细节上出纰漏。6时30分,在母亲的祝福声中,洛克菲勒走出家门,开始了求职的第一天生活。

洛克菲勒先来到崔西亚公司。

这家公司，是洛克菲勒在当地商业名册上找到的众多公司的第一家，当地报纸对这家公司有很好的评价，一些长辈也鼓励洛克菲勒到这家公司求职。

"我想见贵公司的经理先生，我是来求职的。"洛克菲勒按照背诵多次的求职开场白，开始了第一次求职。

"很遗憾，经理先生出去了。"接待的人摊开两手，耸耸双肩回答说。听到这句客气的话，洛克菲勒不得不选择离开。

于是洛克菲勒到了第二家公司求职。

"我想见贵公司的经理先生，我是来求职的。" 与第一次一样，洛克菲勒又一次被客气地请走了。

接下来，第三家、第四家、第五家，整个上午的5家公司，都拒绝了这个年轻的求职者洛克菲勒。

8月的克利夫兰，骄阳似火，酷暑难当。这位执着的少年在发烫的路面上来回奔波，走得双脚酸痛，挥汗如雨。每次，他都带着希望出发，又带着失望归来。他不断地总结着教训，调整着自己的策略，第二天，又带着坚毅的神情去敲另一家公司的大门。

洛克菲勒从第十一天求职起便改变了求职用语："你好，我是来求职的，我会记账。"措辞变了，运气却没有改变。除了有几家公司态度稍微热情外，没有任何迹象显示任何一家公司对他感兴趣。

日复一日，一周过去了，一个月过去了，洛克菲勒表现出令人无法相信的毅力与耐力。很多公司，洛克菲勒甚至去过三四次。

一天，他在一份晚报上看到了出售《发财秘诀》的巨幅广告，他便连夜赶到书店去购买这本求之不得的书。拿回家急忙拆开包装严密的《发财秘诀》，哪知书内空无他物，全书仅印有"勤俭"两个大字。

洛克菲勒大失所望，十分生气，把书扔到地上，马上想去书店找老板算账，控告他及作者骗人。

但当时时间已很晚，他估计书店关门了，所以准备第二天再去。那天晚上，洛克菲勒一夜辗转不能入睡，起初是对书的作者和书店生气，怒斥他们为什么要以如此简单的两字印书骗人，使他辛苦得来的5美元血汗钱浪费在这"骗术"上！后来，夜已深了，他的火气也慢慢降下。

洛克菲勒想，为什么作者仅用两个字出版一本书呢？为什么又选用"勤俭"这两个字呢？想呀想，越想越觉得该书作者的用意，越想越觉得勤俭是人生立世和致富的根本通路，他终于大彻大悟。

想到这里，他赶紧把书本从地上捡起来，深深地吻了它一下，然后端正地摆在他卧室的书桌上，作为他的奋斗创业座右铭。从此，他决心只要能找到一份工作，就努力工作，埋头苦干，把每天挣来的钱，除了部分交给家里外，其余一分也不乱花，全部积蓄起来，准备用作以后创业之用。

1855年9月26日，幸运之神终于对洛克菲勒露出了笑脸，他迎来了求职生涯的一次转变。

9时30分，洛克菲勒按计划走进上午求职的第二家公司，休伊特—塔特尔公司。接待洛克菲勒的是公司的合伙人之一塔特尔。

塔特尔一见洛克菲勒，便开门见山地问："年轻人，你会做什么？"

洛克菲勒感到了一丝欣慰。因为这两个月以来，终于有一家公司的老板级人物，肯向自己这样的求职者询问了。

"先生，我会记账。我刚刚从弗尔萨姆学校完成商业培训。"

"那你都学习了哪些课程？"

"复式簿记、清晰书写，还有银行、外汇业务的商法等课程。主要培训内容是记账。"

"我这里倒是需要个记账的。不过，我有急事马上要外出，你下午再过来试试吧！"

洛克菲勒掩饰着内心的激动，彬彬有礼地一边鞠躬，一边说："好的，塔特尔先生，我下午一定按时来见您。"

走出休伊特—塔特尔公司的时候，洛克菲勒因为过于兴奋，险些在门口台阶上摔倒。他再也控制不住狂喜的心情了：我将要成为这个知名公司的一员了，这是真的吗？不是做梦吧？他一步一跳地蹦下了楼梯，向着大街冲去。

洛克菲勒随便吃了点东西，然后，就一直在可以看见休伊特—塔特尔公司的地方，走来走去。一个多小时的午休时间对于此时的洛克菲勒来说，真像过了一个世纪。

午后上班时间一到，洛克菲勒就迫不及待地走进休伊特—塔特尔公司。

"我找塔特尔先生，与他约好了见面的。"

塔特尔外出未归，接待洛克菲勒的不是塔特尔，而是另一位合伙人休伊特。

"噢，塔特尔先生跟我说过有个人下午要来。你还来得真早。"休伊特说，"听说你会记账？"

"是的，先生。为了工作，今年5月至7月，我在弗尔萨姆学校接受了 3 个月的记账培训。"

"那么，塔特尔先生有没有跟你说，我们公司做的业务很杂，有粮食、矿石生意，还有电报和铁路生意？"休伊特看着洛克菲勒。

"塔特尔先生作过介绍。"

"那他有没有跟你说过，这个职位除了记账以外，可能还要承担其他工作，比如收账？"

洛克菲勒马上说道："这个塔特尔先生倒是没有说过。不过，我很愿意分担更多的工作。请您相信，我不怕压力，肯吃苦。"

"好，你明天早上 8 时可以过来上班。3 个月的试用期，其间没有工资。你能接受吗？"

"我接受。"休伊特可能不知道，在说出"我接受"三个字时，一股暖流正在洛克菲勒胸中流淌着，当然，洛克菲勒极力控制住了自己的激动情绪。

那天夜里，洛克菲勒激动得失眠了。后来，洛克菲勒将 9 月 26 日命名为自己的"重生日"，其意义甚至超过了生日。

1931 年，这件事情已经过去了整整 76 年，洛克菲勒说道：

> 这一天似乎决定我未来的一切。直至今天，每当我问起自己，如果没有得到那份工作会怎么样时，我常常会浑身颤抖不停。
>
> 因为我知道那份工作给我带来了什么，失去它又将如何。所以，我一生都将 9 月 26 日当作"重生日"来庆祝，对这一天抱有的情感超过我的生日。

很较真的簿记员

洛克菲勒十分珍惜这个来之不易的机会，总是一大早就来公司上班。

本来账本和数字是枯燥乏味的东西，可是在洛克菲勒眼里，却感到非常的亲切，仿佛遇到了久违的亲人一般，他甚至可以整个上午一动不动地看着几本账本上的数字。

"塔特尔先生，我具体做什么？"第一天进入办公室后，洛克菲勒主动地向塔特尔询问。

"你先熟悉公司账簿，同时记账。对了，自己找张没人的桌子坐。"

"好的。"洛克菲勒选的是一张满是灰尘的空桌子，然后将桌子擦得一尘不染，顺带着打扫了整个房间。从那一刻开始，洛克菲勒一直坚持打扫房间，直至离开休伊特公司。

打扫完房间后，洛克菲勒从塔特尔那里接过一摞旧账本和几本新账本。塔特尔带着不易觉察的微笑，将账本交给了洛克菲勒。

洛克菲勒非常仔细地、一页页地查看着公司的旧账本，同时记下公司的收入、支出。这是洛克菲勒上班的第一天，也是他漫长的商业生涯的第一天。从这一天起，直至离开休伊特公司，洛克菲勒始终是第一个上班、最后一个下班的员工。

已到中年的塔特尔，眼睛有些花了，一看数字眼睛就有肿胀感。洛克菲勒的到来，算是彻底解脱了塔特尔。洛克菲勒看了半个月账后就核对出10多美元的误差，令塔特尔特别高兴。因此，塔特尔对洛克菲勒特别信任和倚重。

如果别人负责付账单，那么，只要把账单拿来，然后如数付款，事情就完了。可是在洛克菲勒手里，他不仅要把每一个项目都仔细核对清楚才付款，还给自己授权，确定账单上的每笔费用是不是合理。

有一天，老板走进他的办公室，把一份账单甩给他说："请把这份账单的款子付清。"

洛克菲勒接过账单仔细查看，啊！原来是一笔管道铺设费。他拿出底账认真核对，严肃地说："经理先生，这份账单有失误。"

"啊？差多少？"老板有些吃惊地问。

"多算了7分钱。"于是他按照实际情况付了款。老板拍了一下他的肩膀，目光中流露出满意和欣赏。

不过，因为5美分，洛克菲勒还是令塔特尔不悦了一次。

有一次，洛克菲勒告诉塔特尔："塔特尔先生，您看，毛斯公司欠我们5美分，按照合同应该在月底前收回。"

"很好。不过，为5美分专门去收一次，既不划算，也容易伤感情。而且是老客户，不能太计较。"塔特尔漫不经心地回答洛克菲勒。

听到塔特尔的回答，洛克菲勒很平静地说："塔特尔先生，不能超过这个月，拖到下个月我们的账目就混乱了。再说，生意归生意，交情归交情，不会伤感情的。"

"年轻人，你是在教训我吗？"塔特尔带着不悦的语气说道。

洛克菲勒清晰而冷静地解释了自己的看法："不！塔特尔先生，您千万不要误会我的意思。我只是觉得，向您汇报其他公司的欠款是我的责任。再说，5美分是1美元1年的利息呢！"

他的语气既不像是为自己争辩，也无意伤害对方，只是为了说清楚道理和自己的看法。这样的表达方式，贯穿了洛克菲勒的一生。

很多最初对洛克菲勒抱有敌意甚至怀恨在心的人，真正与洛克菲勒接触后，往往都惊讶洛克菲勒的平和态度。比如，有些接触过洛克菲勒的记者，做报道时都去除了曾经的有色眼镜，洛克菲勒表现出来的真诚与平和，很难让人将他与一个恶魔联系起来。

"那好吧，我接受你的建议。"塔特尔结束了谈话，他的不快也马上消失了。

巧得很，洛克菲勒对塔特尔说的最后一句话，让刚刚从外面赶回公司的休伊特听到了。休伊特看了这个新员工一眼，没作任何表示，直接走进了自己的办公室。"1美元的年利息等于5美分。"休伊特随手在台历上记下了这句话。

受到老板刮目相看

戴利·戴维森是休伊特—塔特尔公司的客户，也是休伊特的老朋友，主要负责公司货物的河运与湖运。他长得人高马大，长期在船上作业让他的皮肤黑中透红，显得威风凛凛。

每次戴利来到公司，都抱怨说运输的各种杂费在涨价，并要挟塔特尔说，如果再不提价，他就不再为休伊特—塔特尔公司运输货物。尽管公司员工对戴利没有好感，但是由于戴利社会阅历很广，加上他是休伊特的朋友，大家也不得不迁就他。

可是，对于戴利的抱怨，大家在业务上也想不出让戴利闭嘴的办法。洛克菲勒为此查了过去两年戴利为休伊特—塔特尔公司服务的运输单据，并调查了近两年来河路运输的收费价格。他发现，戴利两年都欠公司的钱。

于是，当戴利再次向塔特尔发威要挟时，洛克菲勒接过了话："戴利先生，在过去的两年里，我们公司待您已经很好了。您不应该向塔特尔先生提出这些不合理的要求了。"

戴利一听有点恼怒了，这是他第一次在休伊特—塔特尔公司受到挑战："什么？你是谁？敢跟我这样说话？"

"我是约翰·洛克菲勒，是记账的。如果您不介意，我想跟您算一下过去您跟我们公司业务上的数字。"洛克菲勒不慌不忙地说道。

"数字？数字有什么好算的，你们公司一直欠我的钱，这是秃头上的虱子，明摆着的。"戴利一脸的不屑。

洛克菲勒将过去两年来戴利与休伊特—塔特尔公司的往来账目，一本本摊在戴利眼前："您看，戴利先生，这是您与我们公司过去两年的往来账目。我反复算过，您在近两年中欠我们公司19.85美元，这还不算利息。我咨询了其他公司，这两年河船运价是涨了一些，但摊到我们公司，大概是9美元，就算是9.85美元吧！两项抵扣，您应该欠我们公司10美元。"

"这怎么可能呢？你欺负我这个老头子不懂账啊！"戴利咆哮起来。因为他在休伊特—塔特尔公司从来没有栽倒过，而现在居然被个毛孩子倒打一耙，他心里实在不服。

"这样吧，戴利先生，我这里有一份手抄的清单，您拿回去让您的账簿员核算一下。如果是我算错了，我们公司赔给您，我向您道歉。如果是您那里漏算了，希望您也及时补上。"

"好，我拿回去算算，到时回头再收拾你这个毛孩子。"戴利船长拿着洛克菲勒的清单，恼怒地离开了。

从那以后，戴利来休伊特—塔特尔公司结账时，再也不像以往那样张扬跋扈了。他每次看见洛克菲勒，居然还揿揿帽子，招呼一声"洛克菲勒先生"。即使是对休伊特，戴利也从来没有这样礼貌过。

后来可能是碍于老板的面子，洛克菲勒没有跟戴利较真9美元的事情。不过，在那之后，戴利对休伊特公司的货物运输，比以前尽职多了。

另一位船长送上来一份报告，报告中说，他的货物因为暴风雨而受到了损失，不能如数交给托售人了。过了些日子，老板连续收到3次船长送来的同样报告，还是货物受损，只是理由有所变化。老板神情沮丧地对洛克菲勒说："你算一下损失多少，只好由我们赔货主了。"

洛克菲勒虽然心里充满了疑惑，但是并没有出声。他决定亲自到现场查个水落石出。于是他登上了货船，对该船长说："船长先生，麻烦你打开货仓，我要清点一下货物。"

船长先是吃了一惊，因为从来都没有出现过这种查货的事，而且站在自己眼前的还是一个小毛孩。接着他耸耸双肩，摊开两手，漫不经心地说："你自己去点吧！那么多货物，我可没空陪你。"

洛克菲勒没有计较，独自走进船舱，开始有条不紊地一件件与账单核对着那些堆成小山似的货物。他从早晨一直查至中午，还从底舱的角落里拽出了隐藏的货物，最后查明了真相：货物与货单上的记载完全相符，并没有任何货物受损。

当他把这个真相告诉船长时，船长顿时惊呆了，他从没遇到过如此精细的对手，而且对手还是一个小毛孩。从此，这位理屈词穷的船长再也不敢说有货物受损了。

洛克菲勒因此为公司减少了一大笔索赔损失，于是公司老板开始对他刮目相看。

有一天，公司里的人正在检查从佛蒙特州用高价购进的一批大理石，突然发现有一包大理石全部都出现了裂纹，而且有几块大理石还缺了一个角。

老板在查看了情况后一筹莫展，只能唉声叹气地说："这些损坏的大理石只好由我们公司来赔偿客户了。"

但是洛克菲勒却显得相当冷静，他向老板建议说："其实这些损坏的大理石是装卸不慎造成的，我们应该向各个运输部门索赔。从佛蒙特到安大略湖的铁路公司，布法罗到伊利湖的河运公司，五大湖的汽船运输公司都应该承担责任。"

"那好吧！你跟我一起去找这些运输公司的负责人。"老板思索了一下，接受了洛克菲勒的建议。他们向三家运输公司据理力争，最后得到了合理的赔偿。

年轻的洛克菲勒又因此立了一功，再次为公司减少了一笔可观的损失。于是公司的老板对他越来越倚重了。

洛克菲勒屡次立功，让休伊特发现了洛克菲勒身上的特殊潜质，他决定让洛克菲勒替自己去收房租。

原来休伊特特别爱买房子，然后出租。开始只有一两套、三五套的时候，他可以自己或者打发人去收房租。后来买了几十套房子后，休伊特发现自己或者派公司员工去收房租，都忙不过来。久而久之，便出现了拖欠与逃租现象，休伊特为此很头疼。

既然老板下了命令，洛克菲勒当然得执行了。于是，洛克菲勒一早到公司整理完账目之后，休伊特的马车就拉着他出去收房租。

他首先理顺了关系，然后与每个租户签订合同，并严格约定租金交付时间。由于当时的克里夫兰人口流动性也大，他为此在合同中加了一条："只有当年按时交房租的租户，才能获得第二年续租的优惠权。"增加这一条款之后，租户可以得到实惠，以此可以改善房东与租户间的契约关系。

因为公司业务很忙，不可能花太多时间去收房租。洛克菲勒便精心优化了收款流程，保证每个月最多花两天时间收完租金。在洛克菲勒"新政"下，大部分租户都按时交租，只有几家租户还经常延迟交房租。

洛克菲勒的忍耐力是惊人的，他的不屈不挠让任何人都无计可施：去一次不行，就多去几次。于是，洛克菲勒只要一有时间，就不断地上门收租。如果对方以各种借口拒绝见洛克菲勒，洛克菲勒就一脸无奈、神情凄惨地坐在门外，久久不肯离去。

每当有人经过时，洛克菲勒就主动上前打招呼，并急切地问："请问，您知道这个租户吗？他租了我老板的房子一直没付租金。"

看到这种情况，那些租户都担心自己的名声被搞臭，于是都陆续把拖欠的房租交给洛克菲勒。

休伊特对洛克菲勒更加刮目相看了。他感到很困惑，这个有点沉默寡言的男孩子，是如何战胜年纪大过他好多的老江湖的呢？塔特尔倒是没多想，他只知道，洛克菲勒来了之后，自己确实轻松多了。

自筹资金创业

1855年的圣诞节,老板休伊特把洛克菲勒叫到自己的办公室。

休伊特面带微笑,平和地对洛克菲勒说:"约翰,我与塔特尔先生商量过了,决定结束你的实习期,并付给你实习期薪水。瞧,这是给你的25美元。"休伊特把钱递给洛克菲勒,接着说道:"另外,我们很高兴接纳你为公司的正式员工,你的周薪是5美元。"

他把钱接在手里,感到它的分量好重!这25美元,是洛克菲勒生平第一次领到的工资,也是他16年来挣到的最大一笔钱。它既是他自己的劳动所得,又是老板对他的工作的认可。

"谢谢休伊特先生,我一定不会让你失望的!"洛克菲勒克制住了自己的情绪,也控制着眼泪。而每周5美元,意味着他可以不再依靠父亲养活全家。

"上帝,谢谢你赐给我机会,让我通过努力,养活我的家人。"洛克菲勒突然觉得,自己是个强大的男人了。

终于苦尽甘来了,他高兴得不知所措,甚至连后来自己是怎样走回办公室的都忘记了，只觉得透进窗内的阳光格外的明亮温暖。

从此，洛克菲勒已经能够自食其力，不用再依靠父亲了。他用工资的一半就能付清伍定太太家的食宿费和洗衣费。剩下的钱，就交给母亲做家用。他的生活一直很简朴，从不买时髦的衣服。

第二年老板又给洛克菲勒加薪，他的年薪增加至500美元。于是他开始有一些储蓄了。

洛克菲勒在公司的地位也在不断提高。后来塔特尔退休了，休伊特少了一个伙伴，于是更加器重洛克菲勒。洛克菲勒除了会计工作，还兼任铁路公司和船运公司的外交工作，他是休伊特不可多得的好帮手。

由于洛克菲勒的出色表现，他在休伊特心中的分量也越来越重。到了第三年，他显然已成为休伊特的左膀右臂，开始独立做许多业务，而且每次都完成得很出色。

有一天吃过晚餐后，洛克菲勒在读报纸时发现一条爆炸性消息："英国不久将要发生饥荒。"于是，他的大脑中闪过一个大胆的计划：何不趁此机会多买些粮食和食品，到时候再卖出去，一定能赚大钱！他越想越兴奋，以致有些扬扬自得了。

第二天他来到公司，恰巧休伊特到外地去了，要一个月后才能回来。机不可失，时间已经容不得他多想了，于是他自作主张，决定购进一批面粉、玉米和高级火腿，还有食盐。他心想：到时赚了钱，老板在惊喜之余就不怪罪我自作主张了。

一个月后，休伊特从外地归来，他看到公司里到处都堆积着粮食和食品，不仅大吃一惊，忙问洛克菲勒："这是怎么一回事？"

于是洛克菲勒把自己的计划和盘托出："经理，根据新闻报道，英国即将发生饥荒,现在趁机把货运到纽约再出口,一定可以赚大钱。另外,我还订购了80桶高级火腿肠呢!"

洛克菲勒原以为休伊特会夸奖他,意外的是,休伊特听后反而非常恼火,大声地指责他:"这么大的事为什么不同我商量?你怎么能自作主张?我们公司是靠干代理和货运赚钱,决不能做投机生意!"

对于老板的指责,年轻的洛克菲勒依然很平静,他用自信的语气再一次解释自己的计划:"这是一笔肯定赚钱的生意,我们为什么不做?我以为这是对公司有利的事,您会同意,所以没等您回来就动手做了。"

休伊特没有再作声,回到自己的办公室。其实他心里是很清楚的:洛克菲勒的话有一定道理。他相信这个精明的小伙子的判断。

不久,英国果然发生了严重的饥荒。公司便把囤积的粮食和食品通过俄亥俄河、密西西比河,出口到英国,因此赚了一笔非常丰厚的利润。

虽然休伊特心里特别的高兴,但是他毕竟反对过,所以为了维护老板的尊严,他在洛克菲勒面前仍然板着面孔,没有说一句赞赏的话。

外界人士却在讨论着这个年轻的簿记员:"休伊特公司里那个乳臭未干的小伙子真不简单!""他真是个天才商人。"

19岁的洛克菲勒已经具备了良好的商人素质:他敢于冒险,还像机敏的猎犬似的善于捕捉商机。他对自己有足够的自信,以为500美元的年薪没有体现他的价值。

有一天,洛克菲勒突然向老板提出了请求:"我要求把我的年薪增加至 800 美元。"

休伊特感到有些意外，用商量的口吻说："给我几天考虑的时间吧，过几天我会把决定告诉你。"

几天之后，休伊特把他召进了办公室。"约翰，最近公司里的资金比较紧张，我看就给你提至 700 美元吧！干好了，以后再提嘛！"

"我不能同意您的说法。塔特尔的年收入是 20000 美元。就算我年轻，加入公司时间短，但我所做的工作，难道不是塔特尔的双倍吗？承担这么重的工作，难道我的年收入还不能达到他的一半吗？"洛克菲勒固执地说，眼睛盯着老板。

休伊特感到理亏，只好回答："约翰，你说得也有道理，但我确实不能付你 800 美元的年薪。"

1858 年 4 月 1 日，洛克菲勒义无反顾地向休伊特递交了辞职信，离开了休伊特公司。

克拉克，曾经与洛克菲勒在福尔索姆商学院会计班一起接受培训，后来又在同一条街上的奥蒂斯·布劳内尔农产品销售公司工作。他们很自然地成了朋友，常在一起散步聊天。

洛克菲勒辞职后，克拉克说出了自己的计划："我们为什么不能自己干？我想我们应该试一试，没准能成功！"

原来克拉克效力的那家公司业务很好，但因为自己不是公司合伙人，克拉克无法分享公司的利润。

接着克拉克又煽动地说："约翰，以我的专业判断，加上你的财务管理，如果我们俩人合伙创业，肯定能在克里夫兰农产品贸易上出人头地的。"

"克拉克，请再给我一周时间，我需要与家人商量一下。"洛克菲勒这样回答并不是敷衍克拉克，他确实需要考虑一下。他发现之前公司最好的一块业务，就是农产品贸易。因此，克拉克所说的主意，对洛克菲勒有非常强的诱惑。

在休伊特—塔特尔公司工作了两年多，洛克菲勒的储蓄就已经有800美元。如果对于一个身无分文的穷孩子来说，这笔钱算得上是天文数字了。但是，要自己创业，洛克菲勒的储蓄显然还远远不够。

洛克菲勒和克拉克商定的创业资本共需要4000美元，也就是每人必须承担2000美元。可是现在洛克菲勒的储蓄只有800美元，剩下的1200美元如何才能凑齐呢？他突然想起父亲"大比尔"之前对他的承诺。

于是洛克菲勒迫不及待地对父亲说："爸爸，你不是答应过我，说等我21岁时就分给我1000元遗产吗？现在就给我，好吗？我正需要它呢！"

父亲却不以为然地回答道："可是，你离21岁还差16个月呢！"

"那还不是一样，迟早还是我的嘛！"洛克菲勒固执地请求着。

精打细算的父亲沉默了一下，回答道："那可不一样。这样吧，如果你一定现在要提取也可以，但是必须扣除16个月的贷款利息，年息算10%好了。"要知道，当时的银行利息是6%多点。

由于洛克菲勒急于用钱，并没有介意父亲提出的这个扣除利息的条件，便很爽快地答应了："好吧，我同意您的条件。谢谢爸爸！"接着他又将自己的创业计划告诉了父亲。

父亲听后便用内行的语气说:"不,道谢尚早,等你赚了钱再谢我。谷物、粮草、肉品的经纪商是一定很有前途的。要知道,东部的食品需求是只会增加不会减少的。"

"是要卖给欧洲的!"洛克菲勒赶紧纠正父亲的话。

"欧洲?"父亲感到特别的惊讶和困惑。

"是的,爸爸。"洛克菲勒很平静地回答了父亲。"大比尔"惊呆了,他没想到19岁的儿子竟有这么大的气魄和自信心。

今后的路就要自己走了,洛克菲勒相信自己能够开创属于自己的一片新天地,他儿时的梦想就不会太遥远了。

创业初的失误

1859年3月18日,克拉克—洛克菲勒公司在克利夫兰临河大街32号的一幢楼房里正式挂牌营业。于是洛克菲勒成了一家有4000美元资本公司的合伙人。他的心里高兴极了,并且清楚地知道,这将是他的人生路上一个新的起点,也是实现理想的第一步。

洛克菲勒和克拉克努力地经营着公司:克拉克负责联系客户;洛克菲勒主管财务和管理,他的精细和一丝不苟都得到了充分的发挥。

克拉克对于洛克菲勒的过于认真,感到无可奈何地说:"他有条不紊到了极点,留心细节和叫真得分毫不差。如果客户欠一分钱,他要取来;如果他欠客户一分钱,他也要还回去。"

克拉克因为是英国人,于是在洛克菲勒面前总是摆出国际人士的样子,张口就说:"没说的,英国和欧洲情况我很了解,不懂世故的你跟着我干就行了。"洛克菲勒为了事业,还是忍下来了。

由于运输量不断增加,他们买进和卖出的货物也越来越多,他们的公司很快就赢得了交货准时的信誉。为了招揽更多的生意，公司雇用了一位管账人，以便洛克菲勒有足够的时间联系客户。有一次，洛克菲勒将名片递给一家公司的负责人后，诚恳地说："很抱歉，打扰您了，我只是想提一个自己认为不错，而且相信会对您有利的建议。您不必马上作出决定，请认真考虑后再回复我。"

洛克菲勒彬彬有礼的态度和有说服力的言词，得到客户的肯定。随着订单源源不断地涌来，运输车皮就显得供不应求。精明的洛克菲勒想出了一个办法：他经常对一位铁路官员进行软磨硬泡，用极诚恳的态度述说自己公司货物及时运输的重要性。让那位官员给足了他所需要的车皮。

但是不久后，洛克菲勒就领略了他的第一次创业失误。1858年夏天发生了干旱，农产品价格一步步上扬。克拉克与约翰商量后，订了一船黄豆。

一大早，洛克菲勒火急火燎地对克拉克喊了起来。这是克拉克认识洛克菲勒三年多来，第一次见洛克菲勒失态。看到洛克菲勒急得要命的样子，克拉克还是忍不住笑了起来。

"你到外面货船上去看看，保你再也笑不出来了。"洛克菲勒大声对克拉克说。

"货船？货船怎么了？"克拉克走向货船，想看个究竟。

走进货船，克拉克再也笑不出来了，而是大声问道："约翰，我们不是订的黄豆吗？怎么全是石头和垃圾啊！"

于是，克拉克和洛克菲勒皱着眉头，从垃圾堆中捡黄豆，整整忙了一天。这让准备在农产品贸易中大干一场的年轻人，一下子消失了很多热情。

洛克菲勒经过一晚上的反复计算，这笔生意，公司赔了 200 美元。为了继续做生意，至少还要筹措 400 美元。克拉克对此并没有异议，说："那好吧，约翰，我们各自补足 200 美元，一周后交到公司。"

洛克菲勒不得不硬着头皮向父亲借钱，父亲很爽快地答应了："不过，和上次一样，加上利息 10%。另外，我可能随时要取回本金，你要有心理准备。""好的，爸爸，您在一个月后随时可以取走本金。"借到钱后，洛克菲勒陷入了沉思。到底是什么环节出了毛病？

原来洛克菲勒当时正忙于镇上浸礼教会的筹资问题，对订货方的资质没有进行调查，在急切中下了订单。结果，匆忙中下的订单，换来了半艘船的垃圾和石头。

这个事件，让洛克菲勒对合伙人克拉克的细致管理能力的不足有了深刻认识，也对自己投身宗教事务的时间管理进行了深刻的反省。

合伙人的冲突

真是"一波未平,一波又起",一个意想不到的危机接踵而至。中西部遭受严重的霜冻,谷物几乎颗粒无收。农民们要求用第二年的收成作抵押,由经纪商预付定金。许多经纪商因为无力支付定金,公司纷纷倒闭。

危机发生后,克拉克手足无措,只是不停地抱怨:"我们只有4000美元的资本,拿什么去付农民的定金?"

洛克菲勒对此却胸有成竹:"我想只能向银行贷款了,这样做也许能帮助公司渡过难关。"

克拉克却带着讥讽说:"贷款?你是在讲神话吧?谁会贷款给我们,我们用什么作担保?"

洛克菲勒没有作声。他整理了一下自己的西装,走出了办公室,来到某银行总裁汉迪的办公室,他们是浸礼教会的教友,经常在教堂里见面。洛克菲勒一见汉迪,便直截了当地说:"总裁先生,我想向你借2000美元。"

汉迪和平常一样，态度和蔼地回答道："如果您有抵押品的话，我将会考虑您的贷款要求。"

洛克菲勒依然镇定自若地说："很抱歉，我没有抵押品，但是本人可以担保。中西部的农业遭灾了，我贷款是为了给农民预付定金，帮助他们渡过难关。当然，我的公司也会因此避免倒闭。"

洛克菲勒把公司的账本递给汉迪说："请总裁先生过目，它会帮助您了解我的公司的经营情况和信誉。"

汉迪拿起账簿认真地翻看着，上面记载着准时付给客户货物的每一笔账，条理非常清晰。

汉迪在心里琢磨着："这个小伙子做事很可靠，该值得信任。而且他在浸礼教会里的表现也证明了他的人品。"他终于同意了："好吧，那就破例贷给您2000美元，现在只好拿仓库收条作为抵押了。"

汉迪用慈祥的双眼盯着年轻的洛克菲勒说："现在也只有贷款才能拯救那些可怜的农民了。"然后又忽然严厉地发出了警告："但是你一定要遵守我们的条件——不准用钱做投机买卖。"

洛克菲勒诚恳地答应道："非常感谢总裁先生的鼎力相助。请放心，我一定会遵守您提出的条件，不会辜负您的信任。"

当洛克菲勒把2000美元钱放在克拉克面前，声明是银行的贷款时，克拉克用惊异的目光望着这位小老弟，竟然说不出一句话。他们就这样渡过了难关。

从这件事中，洛克菲勒悟出了一个道：幸运之神总会青睐那些讲信誉的人。信誉，这可是生意人立身的法宝啊！

从此，洛克菲勒成了贷款能手，每当公司资金出现困难的时候，都是由他出面找银行贷款。克拉克对这位合伙人不得不心服口服。于是公司里许多重要的事几乎都是由洛克菲勒决定，他成了公司里的实际上的一把手。

洛克菲勒在任何时候都会全心全意追求他的目标。

据他的朋友说：除了生意上的好消息以外，没有任何事情能令他展颜欢笑。当他做成一笔生意，赚到一大笔钱时，他就高兴得把帽子摔在地上，痛痛快快地跳起舞来。但如果失败了，那他也随之病倒。

有一次他经由五大湖托运价值40000美元的谷物，没有投保，因为是150美元的保险费太高了。那天晚上，暴风袭击伊利湖，洛克菲勒十分担心，恐怕他的货物遭遇不测。第二天早上，当他的合伙人克拉克来到办公室时，发现洛克菲勒已在那里，正绕着房间焦急地踱步。

"快"，他发抖地说，"看看现在是否还可以担保，如果不能的话，就太迟了！"克拉克赶快冲到城里去，取得保险，但当他回到办公室时，他发现洛克菲勒的情况更糟了。这时，正好有一封电报来到，说货物已卸下，未受到暴风雨袭击。但洛克菲勒反而比先前更沮丧，因为他们已"浪费"了150美元！他太伤心了，不得不回家去躺下来。

想想看，那时候他的公司每年经手50万美元的生意，而他却为150美元如此失魂落魄，甚至因此而躺倒。

洛克菲勒经常观察和研究市场，他在业余时间卖过电池、小五金、柠檬水，每一样都经营得得心应手。与贫民窟的同龄人相比，他已经可以算是出人头地了。洛克菲勒靠经营一批丝绸便小有积蓄。

那批丝绸来自日本，数量足有1吨之多，因为在轮船运输过程中，遇到了风暴，这些丝绸被染料浸染了。如何处理这些被染料浸染的丝绸，成了日本人非常头痛的一件事情。他们想卖掉，却无人问津；想运出港口扔掉，又怕被环境部门处罚。于是，日本人打算在回程的路上把丝绸抛到大海里。

港口区域里有一个地下酒吧，洛克菲勒经常到那里喝酒。那天洛克菲勒喝醉了，当他步履不稳地走过几位日本海员身边时，海员们正在与酒吧的服务员说那些令人讨厌的丝绸的事情。说者无心，听者有意，他感觉到机会来了。

第二天，洛克菲勒来到日本人装有丝绸的轮船上，用手指着停在港口的一辆卡车对船长说："我可以帮你们把这些没用的丝绸处理掉。"

结果，他没有花任何代价便拥有了这些被染料浸染的丝绸。然后，他用这些丝绸制成迷彩服装、迷彩领带和迷彩帽子。几乎一夜之间，他通过这批买卖赚了不少钱。

在他的管理下，公司的生意日益兴隆，业务越做越大，收益也日渐增多。第一年，公司的营业额达到45万美元，获得纯利润4400美元，洛克菲勒分到2200美元，是他在休伊特公司所挣工资的3倍多。

第二年，公司的盈利上升至17000美元。面对着喜人的业绩，洛克菲勒没有因此而沾沾自喜，依然过着苦行僧式的生活。

一个周六的下午，公司里新来的加德纳打算去玩游艇。他邀请洛克菲勒说："约翰，我很希望你能同我一起去避风湾开船去。周末了，你也该轻松一下，别再想生意上的事了。"

洛克菲勒却很不高兴地说:"你是我见过的最奢侈的年轻人。生活对我们来说还刚刚开始,事业也刚起步,你却迷上了游艇,这会毁掉你的信誉,也会毁掉我们公司的信誉!我是不会去坐你的游艇的,连看都不想看一眼。"

年轻的洛克菲勒生怕自己承受不了巨大的成功,不断地在内心里同骄傲搏斗着。

本来洛克菲勒与克拉克之间就存在着不可忽略的矛盾,随着克拉克引进的新合伙人乔治·加德纳的加入,矛盾便日益加剧。

有一天上班的时候,克拉克一见洛克菲勒,便兴冲冲地说:"约翰,我要引进个合伙人。"

"引进什么合伙人?"洛克菲勒感到很好奇。

"乔治·加德纳。如果他来了,我们公司就会声名大振,生意一下子会好很多。"克拉克一个人沉浸在兴奋中。

洛克菲勒对此并没有接话,虽然他对加德纳并不熟悉,但是对加德纳的家庭,他还是知道一些。因为在克里夫兰几乎没有人不知道加德纳家族,这个家族实在太有名了,基本上可以说是家喻户晓。

洛克菲勒在心里默默地盘算着:引进一个贵族的人进公司,真的需要吗?

两天后,克拉克就迫不及待地带领乔治·加德纳来到了公司,与洛克菲勒见面。

热情洋溢,很有感染力与号召力,这是加德纳给洛克菲勒留下的第一印象。虽然不错,但是洛克菲勒毕竟对他的了解太少。

没等征求洛克菲勒的意见,克拉克便直截了当地说:"约翰,加德纳以后就是我们公司的合伙人了。"

洛克菲勒一时不知所措：同意吧，他确实没有心理准备；不同意吧，明显是表明自己不欢迎加德纳，其实他心里也并不抵触新的合伙人加入。

洛克菲勒虽然觉得克拉克有些过于急切，但是他没有表态。虽然洛克菲勒与克拉克投资额一样，都是2000美元，但克拉克是创始人，这是公司成立的前提。于是在1859年4月1日，克拉克—加德纳公司挂牌成立，办公地址没有改变。

洛克菲勒对于自己突然成为第三合伙人，并且没有在公司名称中体现，他并没有表现出不悦。因为特殊的家庭背景培养了他的务实态度，只要是对公司有益处，自己损失点名分并没有多大关系。

加德纳加入公司后，一些当地知名公司，纷纷与克拉克—加德纳公司建立了业务联系。公司的人气一下子旺了起来，经常有人慕名前来。虽然，来的人既有真诚想做生意的，也有招摇撞骗的。

然而，1859年，公司的利润并没有出现多大的增长。出现这种情况的原因，一方面是增长的业务利润不高，另一方面是加德纳开销比较大。

加德纳出生在一个富裕家庭，从小家境优裕，衣食无忧。他的爱好极为广泛，尤其酷爱帆船。1860年初夏，克拉克经不住加德纳的多次劝说，加上公司业务好转，手上钱多，物欲也增强了，于是，克拉克决定花2000美元购买一艘帆船。

洛克菲勒正式表示反对："太张扬了！"

要知道，2000美元是公司投资额的1/3，这无疑是笔巨额投资。而且以洛克菲勒的勤俭性格，怎么可能同意这种铺张浪费的举动呢？有这钱，再做投资不好吗？

为了表示公平，3个股东第一次举手表决，二比一，洛克菲勒输了。但是由于洛克菲勒的坚决反对，这次购买没有作为公司计划，而是克拉克与加德纳两个人的私人爱好。

克拉克与加德纳以每人从公司借款1000美元的形式，买了一艘帆船。同时，他们向洛克菲勒保证，等帆船买来后，一定不花公司的一分钱，也不会占用他们上班的时间。

每到周末，当克拉克与加德纳来到伊利湖练习帆船时，总能吸引来无数艳羡的目光，许多美女主动搭讪着上船。因为在当时的克里夫兰，**帆船**是一种非常时髦的运动。因此克拉克与加德纳经常是尽兴而归。

因为与洛克菲勒有约定在先，一开始练习帆船时，加德纳与克拉克就严格恪守对洛克菲勒的承诺，不花公司一分钱，不占用他们打理公司的时间。

有一天，阳光特别好，刚过中午，加德纳心中痒得不行，多次**蠢蠢欲动**。但是他一看到洛克菲勒还在全神贯注地伏案工作，立刻有些泄气。

加德纳最后实在坐不下去了，于是用略带央求的语气对洛克菲勒说："约翰，我实在忍不住了，我们去湖上赛船去吧！"

"我有工作，不能去。你也一样不能去。"洛克菲勒毫不留情地反对了加德纳的要求。

"我为什么不能去？再说，好好休息才能更好地工作。"加德纳对于洛克菲勒的阻拦显得很不满意。

"我们在买船之前有过约定，任何人不能占用工作时间去练习帆船或参加帆船比赛。这是你与克拉克答应我的。"洛克菲勒平静地解释道。

"如果我非去不可呢?"加德纳有些着急了,固执地大声说道。

"加德纳,你周末去参加帆船赛,已经很张扬了,难道你还要占用工作时间吗?"洛克菲勒丝毫没有退让,也提高了说话的声音。

"约翰,我知道我们的生活态度不同,我是享乐派。但是你不能因为信教,就要求我也过你那种沉闷无聊的生活。谁也不能影响我的生活,包括你!"说完,加德纳怒气冲冲地离开了办公室,独自划船去了。

洛克菲勒无奈地看着克拉克,心里在说:"这就是你引进的合伙人!"克拉克明显感到理亏,耸耸肩,然后若有所思地转头看着窗外。

要不是接下来发生了南北战争,洛克菲勒与加德纳之间的合伙人矛盾,肯定一触即发。但是,战争改变了一切,几个合伙人意识到发财的机会来了。

抓住投资机会

虽然美国通过独立战争建立了美利坚合众国，但是独立后的美国在经济上分裂成矛盾尖锐的两大部分：北部和西部的州工业发达，代表着进步的资本主义经济；南部各州还存在蓄奴制，代表着封建的种植园经济。

在美国南部，那些拥有耕地的"棉花贵族阶级"视为不动产的奴隶，给庄园主创造了滚滚财源。而且欧洲的棉花需求和严寒带来的不景气使他们欣喜若狂，有恃无恐。如同斯皮尔曼所预料的，南部的贵族们和他们的财政界后盾，摆出了一副不惜一战的架势。

可是北部是工业地带，若以奴隶为劳动力来计算并不合算。而且，由于连续两年中西部寒冷造成的影响，国内工业品与廉价的欧洲进口货都竞争不过，因此北部财界只好向华盛顿政府施压提高关税的。

于是，南北方不断爆发政治和武力的冲突，一场内战蓄势待发。

1861年，亚伯拉罕·林肯当上美国第十六任总统。他是共和党的领袖，是坚定的废奴主义者和卓越的政治家。他上任几个月之后，南北战争终于爆发了。

1861年4月15日，著名的美国南北战争爆发了，这是一场在美国历史上具有重要意义的战争。

在南北战争中，克利夫兰的地位一跃而上。因为战争切断了密西西比河与俄亥俄河的水路运输，它只供军队使用。因此南北纵向交通变成了东西横向运输，许多重要物资的运输都要经过克利夫兰。

为了军事需要，政府还在五大湖的南岸迅速地修建了铁路，成为连接东西部的大动脉，克利夫兰又成了东西交通要道的中心。

1861年4月，作为克里夫兰的青年创业者，21岁的洛克菲勒陷入了沉思。林肯总统刚刚发布的征兵令，让洛克菲勒左右为难。

洛克菲勒从小便是黑人奴隶制的反对者，所以林肯总统发动解放黑人奴隶的战争，自己于情于理都应该参加。但是，他又担忧，一旦自己报名参加战争，一家人将失去经济来源。

最后，理性还是战胜了感性，再说洛克菲勒的骨子里是个彻头彻尾的商人。他很快就意识到南北战争是上帝赐予他的极好的发财时机，因此他必须紧紧地抓住它。

南北战争前夕，洛克菲勒时刻关注着局势的发展，当时他对地图的研究绝不亚于陆军参谋部的军事统帅。当他预测到战争即将爆发时，洛克菲勒一反常态，常常面带喜色，有点青春焕发起来。

在办公室里，洛克菲勒兴奋地踱来踱去，挥着手臂向克拉克叫着："咱们可要抓紧时机啊！"

克拉克感到迷惑不解："战争使一切都变得混乱不堪，生意还怎么做？你要抓紧时机干什么呢？莫非你想去打仗？"

"我不会上战场，家里离不开我。再说，总不能人人都去打仗，国家也还需要有人做生意啊！"洛克菲勒并没有任何的掩饰。

当时，许多热血青年都上了前线，洛克菲勒16岁的弟弟富兰克林也穿上了军装。而洛克菲勒的兴趣却全在赚钱上。他对不开窍的克拉克用不屑的口气说："战争意味着物价飞涨，意味着食品短缺，还可能产生饥荒，你难道连这个都不懂吗？"

克拉克恍然大悟，明白了洛克菲勒的意图："原来是这样！"

接着洛克菲勒用不容反驳的语气说："我们要尽快从西部购进谷物、盐和火腿，还要买南方的棉花和宾川的煤。"

"可是哪来的资金啊？"克拉克喊着。

洛克菲勒斩钉截铁地说："我看就把公司这两年赚的钱全部投进去。如果不够，我们再到银行去贷款。"

"银行肯贷钱给我们吗？"克拉克对银行贷款一事没有信心。

"你等着瞧吧，我会贷来给你看的。"洛克菲勒以一副老大哥的口气说。

"向银行借钱是要生利息的。"洛克菲勒还不忘加了一句。

"生利息？你搞错了吧，是要付利息的！"克拉克疑惑了。

"付了银行的利息所剩余的，那不就等于利息吗？明年的利润目标是3倍。"洛克菲勒自信满满地说道。

虽然克拉克认为这样做未免太冒险，但是还是顺从了洛克菲勒的意愿，因为他相信洛克菲勒的判断是正确的。

于是，洛克菲勒在办公室的墙上挂上大幅的地图，上面有红色和黄色的图钉。他每天都站在地图前思索,不过他关心的不是政治,而是根据战况把握做生意的方向。

正如洛克菲勒所预料的,此时的欧洲发生了自然灾害,谷物歉收,农产品的价格飞涨。订货单争抢着涌进了洛克菲勒的公司。于是洛克菲勒把储存的大批的谷物和食品卖了出去。

同时,他们还向华盛顿联邦政府出售盐和食品。由于这些货品在战争时期都非常紧缺,而且价格都不菲,于是洛克菲勒公司从中获利不少。

洛克菲勒这时认识了一个名叫亨利·弗拉格勒的年轻商人,他是靠贩卖食盐起家的。他们两人同时觉察到贩盐可以赚大钱。于是他们联手到处收购,然后把大批食盐卖给北军。这样,更多的美元落入他们的口袋。

洛克菲勒的经商才干也许是从他父亲的遗传因子中得来的,也许是一种天赋。

"我是上帝最诚实的儿子,上帝帮助了我!"年轻的洛克菲勒每当发了一笔财时,总把上帝据为己有。似乎上帝也姓洛克菲勒。

在战争中,洛克菲勒的公司从初期的小经纪商行,发展成经营盐、谷物、食品和牧草的大公司。洛克菲勒也因此变成名副其实的富人,然而他并没有满足现状,而是凭着猎人般的机敏在寻求新的猎物了。

南北战争带来了美国的改革开放,因为它一方面在政治上统一了国家;另一方面形成了更大的市场,为美国工业成长奠定了坚实的基础。

由于当时无论是照明,还是机器润滑,都是用鲸鱼油,它的成本过于昂贵。除了价格昂贵之外，鲸鱼这一物种数量越来越少的忧虑也成了捕鲸业的达摩利克斯之剑。于是，新的照明与润滑物，至少在美国，成了化学家、冒险家的寻觅物。

早在18世纪中叶，住在宾州的印第安人就发现了石油。他们用毛毡浸在漂浮着黏稠原油的小河里，把吸上来的油装进小瓶。于是这些原油就变成了神奇的药品，用来治疗关节炎、淋巴结等疾病。打仗的时候就把它涂在脸上吓唬敌人。但是他们并不知道它可以用来照明。

1855年，一个叫乔治·比尔斯的人请美国耶鲁大学西利曼教授对"神奇的药水"进行了化学分析，得出了它能够通过加热蒸馏分离成几个部分，每个部分都含有碳和氢的成分，其中一种就是高质量的用以发光照明的煤油。这是人类第一次意识到石油对人类生存的意义和价值。

1858年比尔斯请德雷克上校带人打井，1859年8月27日在钻至69米时，终于获得了石油。从此，利用钻井获取石油、利用蒸馏法炼制煤油的技术真正实现了工业化，现代石油工业诞生了。

石油的诞生，是老天送给人类的礼物，比起鲸鱼油来，它更便宜，更易存贮，更重要的是，它更能通过工业化批量生产。

像10年前加利福尼亚曾经爆发的采金热一样，10年后，黑色黄金热又在席卷着美国大地，对美国的经济产生了巨大的震撼。

可是第一个石油开采者德雷克，却在花掉自己所有的积蓄后，在孤寂和贫困中，在长岛的敬老院里默默地离开了世界。

多年后已经发迹的洛克菲勒出资10万美元，在泰塔斯维村为德雷克塑了一尊铜像，以纪念这位勇敢的开拓者，铜像的纪念碑上刻着这样几行字：他无心追求名誉和利益，却为这个国家的产业繁荣奠定了基础。

在成群的冒险家把灼热的目光投向石油业的时候，克拉克沉不住气了："约翰，我们把全部资金投入到石油业吧，现在不干，更待何时？我们总不能坐在一边看别人发财吧？"

洛克菲勒默不作声。他是公司的拍板人，有绝对权威。克拉克尽管急得抓耳挠腮也毫无办法。

其实，洛克菲勒早就在密切地关注着石油业的行情了。不过他心里想：一切事情，你要搞清楚它的来龙去脉，你得亲自去看。盲目下手的人是捞不到好处的，他们都是蠢货！

1860年的秋天，洛克菲勒背着帆布包和一支来复枪，从克利夫兰出发，骑着马到宾夕法尼亚州的南部去做实地考察。

他先到了泰塔斯维村南面24千米处的油城，看到无数的马车载着木桶在运油，又到了西南方的小镇富兰克林，最后来到泰塔斯维村。

此时的泰塔斯维已经有了镇的规模。村后大片丘陵上的树木全被砍光了。到处是高高的井架，旁边搭着歪歪扭扭的小木屋。挖井设备极其简陋：有铁制钻头，还有用粗绳吊着的木制瓶，木制的贮油槽在漏油，弄得遍地黑乎乎的……一切都很原始和混乱。

他仔细观察着，询问着。他在小本子上记下：油井72座，日产原油1165桶。

他住进了美利坚饭店，这是当年德雷克上校的下榻处。21岁的洛克菲勒脸色有些苍白，一对细长的眼睛，透着机敏和自信，浅棕色的头发整齐地梳向脑后，举止文雅而得体，与那些冒险家不同。

"看来他像个绅士。"老板娘这样对老板说。

太阳刚爬上树梢,洛克菲勒梳洗完毕之后对女侍者说:"请帮我买一份报纸。"报纸送来了,他给了小费,然后坐在一楼酒吧的一角,一边吃面包喝咖啡,一边专心地看着报纸。他关注谷物和肉类的价格,还有石油价格的涨落。他在那里住了两三天。

洛克菲勒回到克利夫兰,面对正在焦急地等待他的克拉克说:"现在干石油还不是时候。"

"为什么?"克拉克瞪圆了一双眼睛,他早就跃跃欲试了。

"现在挖出的油太多了。一些人只顾赚钱,一窝蜂似的往上拥,行情只能往下跌。"洛克菲勒冷冷地说。

克拉克还抱着希望:"现在人们都在谈论石油,你不是也说过石油业大有潜力吗?"

"当然很有前途,只是现在绝对不行。现在生产秩序很混乱,掘井设备也太落后了,还有运输问题。总之,现在插手石油业决不会赚到钱。"

他不想再说什么了。克拉克耸耸肩,摊开两手,无可奈何地摇摇头。在公司里,虽然他的年纪大,却只有听从的份儿。

两个月,三个月过去了,石油行情果真像洛克菲勒预测的那样,油价在疯狂地下跌,而且人们对石油的需求量很少。纽约市场上一加仑石油连10美分都卖不到,这不和水的价值一样了吗?

1861年春天,有用煤炼制的替代油已经在克利夫兰上市,宾州的油井这时也已增加至135座,比当初他勘察时多一倍。

克利夫兰的报纸整版报道:"30000桶原油在产地滞销。"

为了阻止这疯狂的下跌,油井商相约把每桶售价定为不得低于

4美元。但消弗者对原油价格的抵触，使生产过剩和行情暴跌，原油大量滞消，使产油者不得不减产。

庞大的数字触目惊心。再加上油井爆炸，火灾频频发生，灾难性的消息接二连三地传来。

克拉克庆幸自己听从了洛克菲勒的主意，才没有走错关键性的一步。洛克菲勒胸有成竹地说："打先锋的是笨蛋，只有看准时机的后来者才能赚大钱。"

他是在关键时刻把握时机的天才。当机会向他走来时，他能及时抓住；当时机不成熟时，他能力排众议，耐心等待。这正是他日后在事业上取得成功的秘诀之一。

初涉炼油业

这时洛克菲勒了解到产油地泰塔斯维正计划修筑铁路,他觉得时机已经成熟,便找克拉克商量:"我们赚了这么多钱,现在拿来投资原油吧,怎么样?"

"想投资暴跌的泰塔斯维原油,你疯了?"克拉克吃惊地说。

"据说可利镇到泰塔斯维计划修筑铁路,一旦完工,我们就能用铁路经过伊利运到克利夫兰……"尽管洛克菲勒百般劝说,但是克拉克依旧无动于衷。

虽然洛克菲勒心里抱怨克拉克没有胆魄,但是公司毕竟是他们俩合开的,投资原油这么大的事,不能由他擅自决定,最后只能放弃。

洛克菲勒依然不停地在考虑新事业的发展方向。他发现原油在精炼成煤油之后,才有价值。而煤油是当时点灯的最好油料。在1862 年,每桶原油售价仅为 0.35 美元至 0.55 美元,而提炼的石油,可卖到 0.23 美元至 0.35 美元每加仑。不但如此,精炼石油的成本又很低，一桶原油成本仅40美分，所以投资在精炼石油业上是很稳妥、很合算的。

于是，炼油厂如雨后春笋般，一家又一家地在美国东北部各大城市开张了。各大铁路公司为了赚取运费，在每个石油转运的必经地很快铺设了新轨道，便利了石油开采和精炼石油者的交通。

1863年，克利夫兰已经发展成为一座新兴的石油城，拥有了许多的小型炼油厂。洛克菲勒决心办一个精炼石油厂。恰巧在这时，一个叫安德鲁斯的英国化学家找到了他的搭档克拉克。

安德鲁斯是从英国威尔士移民来美国的，和克拉克是同乡。8年前，当他刚刚踏上克利夫兰这片土地时，便开始全身心地投入煤炭的液化研究工作。同他一起移民到美国来的这一批人，其中不少人曾在不列颠帝国或苏格兰的大学里做过油页岩研究，他们决心在宾州这个世界原煤宝库中炼出蜡烛原料液化油来。

当德雷克钻到石油的消息传来时，安德鲁斯的内心受到巨大的冲击，直觉告诉他"这玩意儿比煤强"，一定大有发展前途。于是他迫不及待地跑到泰塔斯维取回原油标本，在自己实验室里忙开了。

安德鲁斯就是美国最早从事石油精制实验的先驱者之一。他坚信："从宾州石油中精炼出来的灯油，绝对可以代替煤炭液化油。"

安德鲁斯不仅技术好，而且有他独创的秘密武器——用亚硫酸气来精炼石油。这种方法的确比一般人采用的精炼方法更好。但是没有人对他的实验感兴趣，为了提供资金给他做实验，安德鲁斯太太只有替人缝缝补补来资助丈夫。功夫不负有心人，安德鲁斯终于在实验室制造出了蜡烛。

安德鲁斯满怀希望地找到克拉克，动员克拉克投资提炼石油。他慷慨陈词："我提炼石油的新方法还没有人掌握，用这种方法提炼出的煤油市场将会非常广大，我们一起干吧！"

克拉克对石油业早已没有信心，不想冒这个风险，可是面对同乡的求助，只好说："我们公司的经营资金很有限，要向货主付定金，还要买保险、交房租，再搞什么投资确实困难。"

接着他像下了大决心似的说："这样吧！我和我的合伙人拿出500美元资助您。不过，很抱歉，我要说明这是借款。"

安德鲁斯认为太少了，无法开业，觉得非常失望。后来，他听说洛克菲勒是公司的决策人，他们曾在浸礼会教堂里有过一面之交，于是，他又抱着一线希望来找洛克菲勒。

洛克菲勒正在考虑投资炼油业，恰在此时，安德鲁斯找上门来，可谓正中下怀。在听完安德鲁斯介绍了自己的新技术之后，洛克菲勒非常庆幸自己的公司将得到一位掌握秘密武器的人。他当机立断："好！我们决定投资4000元，我们一起干！"

安德鲁斯又找到克拉克，告诉了洛克菲勒的意见。"既然约翰决定了，我当然无话可说。"克拉克的态度有了180度大转弯。

不久，安德鲁斯—克拉克公司的牌子挂出来了。洛克菲勒还要再看看，他甘愿当后台老板，这也许又是他的一种"等待"策略吧！

到公司成立的第二年，即1864年，洛克菲勒开始把注意力从中间商业务转向炼油业务，他终于结束了他的"等待"。越来越多的时间，他待在安德鲁斯—克拉克的总部里，处理一些业务。公司的总部设在克利夫兰的西南近郊，古亚和加河支流堤岸的下方。

选择这个地方建精炼油厂可谓颇具眼光。厂子邻近伊利湖，不仅水路十分方便，而且可以利用铁路运输。连接原料产地油城和克利夫兰市的西亚特兰大铁路已由英国出资建成。

建造精炼厂大约租用了3600亩的土地，按照租用的惯例，承租人在租用土地后可以买下该块地。在这片红壤上首先竖起的是小型的工厂，还有附属仓库。

河堤下面整齐地排放着许多剥皮的原木，这是预备做木桶装石油的，工厂和堤岸的后方是一方断崖，断崖与一小山丘相连，登高远望，克利夫兰市的景色尽收眼底。在后来精炼油的管道输送上，断崖成了极为有利的地形条件。

三个合伙人根据各自的特长，进行了分工合作：安德鲁斯对早期的石油工艺很熟悉，搞这方面工作得心应手，所以由他负责工厂的设计和运转操作。克拉克则负责同石油区的生产商搞原油交易。洛克菲勒负责财务和推销工作，发挥他这方面的天才。

因为提炼石油技术简单，投入少量资金就有发财的机会，所以人们便一窝蜂似的涌入这个行业。无论是谁，只要手里有一台石油蒸馏器，就能获得丰厚的利润。没过多久，在精炼油市场上就出现了供大于求的局面。

安德鲁斯不得不像魔术师似的，把炼油工艺变来改去，煤油的质量提高了，每桶原油出煤油的百分比也提高了。物美价廉的煤油自然赢得了市场。

洛克菲勒不愧是个好管家。他每天清晨6时就来到炼油厂，有时搬木桶，有时运垃圾。也许因为他从小就生活在不安定的环境里，他很注意在生意上自给自足。

有一个管道工去购买管道,在账单上作弊。洛克菲勒非常生气,他对安德鲁斯说:"月底前再雇一个管道工吧!以后由我们自己购买管子和一切管道材料。"

细心的洛克菲勒抓住每一个细小之处,不断地改进。尽管当时由于采油量时而增多,时而减少,油的价格经常大起大落,他的公司却从未亏损,盈利已远远超出了农产品代理商的收益。

洛克菲勒开始以极大的热情投入到这个行业。他想买到又好又便宜的原油,不辞辛苦地亲自跑到采油区去。一路上他先乘火车,又换乘马车,穿过丘陵、高地和茂密的森林,来到泰塔斯维。

崎岖的乡间小路上,头戴闭边毡帽、满脸胡须的车老板赶着装满石油的马车,驶向铁路边。车队过处,有的油桶从车上掉下来摔碎了,黑乎乎的石油和雨后的泥浆掺和起来,弄得道路更是泥泞不堪。

洛克菲勒来到溪岸上,看到新兴的石油工业把昔日绿色的山谷变成地狱般模样:油罐、井架、机房和摇摇欲倒的小屋乱糟糟地挤在一起,还有穿着长筒靴的采油工四处游荡,在酒馆里酗酒和赌博。一切都处于杂乱无章和无序状态。

洛克菲勒穿过一个泥潭,里边全是油罐里倒出的污物和泥浆的混合物,上面只架着一根6寸宽的横木供人行走。他胆战心惊地在上面走着,一不小心竟然掉了下去。他自嘲地说:"瞧瞧,我已经全身心投入到石油业了。"同行的人看着他的狼狈相,禁不住哈哈大笑。

洛克菲勒和豪爽快活的采油工谈话,尽量地收集有关石油的资料,还到钻井边去看来出的石油。这些对他的炼油厂都是宝贵的信息。

坐在返回的列车上，洛克菲勒回想着看到、听到的一切，不禁浮想联翩：石油业真像是赌博，它造就了许多富翁，又使一些人一夜之间变成穷光蛋。看来多数石油商还没想到要建立一个有序的工业。

洛克菲勒庆幸自己选择炼油业是正确的，比起采油业，它风险小，也比较有秩序，他相信炼油业会有远大的前途，他要竭尽全力把它当作事业来做，而不是一时心血来潮的游戏。

建立幸福家庭

1864年,精炼石油公司开业的第二年,内战正进行得如火如荼,洛克菲勒迎来了他人生中的一件大事,他向心仪已久的女友劳拉求婚成功了。

洛克菲勒是在读高中时认识劳拉的。劳拉是一位端庄的姑娘,圆圆的脸,深褐色的眼睛,长长的栗色头发梳向脑后,说话和举止都很轻柔。她很有自制力,从不发脾气,是虔诚的基督教徒。她从不跳舞,也不看戏,认为这些世俗的娱乐都是不正当的。这种清教徒的生活方式和沉静稳重的性格深深地吸引着洛克菲勒。

劳拉中学毕业之后,曾和姐姐露西一起在奥瑞德学院上了一年学。这是一座向女子开放的高等院校,学校里倡导研读古希腊和罗马的文学作品,还大力支持女权运动和为黑人谋福利的活动。这一切都让劳拉兴奋不已。

劳拉是有才气的学生,她会写诗,组织过文学会,还喜欢思考一些社会问题。

1859年,劳拉和露西又在克利夫兰学院学习法语、拉丁语和钢琴。后来她还在公立学校里当过老师和校长助理。她的聪慧、有教养尤其得到洛克菲勒的敬重和喜爱。

劳拉的家庭是名门望族。父亲斯佩尔曼先生是俄亥俄州议员,还经常从事宗教和慈善事业。他抨击烈酒是魔鬼,是点燃人类本性中最低劣之欲望的火种。他们全家更是坚定的废奴主义者,常帮助逃跑的奴隶走向自由。

斯佩尔曼体面的社会地位和声望,正是洛克菲勒所缺乏的。也许,这是除了劳拉本身的魅力之外又一个吸引洛克菲勒的地方吧?

1862年,洛克菲勒还在做农产品的中间商时,到了周末他常骑着马到劳拉家附近,打着看新兵训练的幌子到处转悠。后来在他经营炼油厂之后,也常用他的平板马车载着劳拉出游,一边述说自己生意上的事,劳拉兴趣盎然地听着。

"约翰真是个胸怀大志的人。"年轻姑娘从心眼里佩服这位比她学历低的小伙子。

洛克菲勒很有耐心地追求着劳拉。他有时到劳拉的家里,她的父亲逐渐喜欢上这个有生意头脑的小伙子。他身穿大礼服和带条纹的裤子,头戴丝质礼帽,笔直的鼻子,紧闭的薄嘴唇,目光坚定而清澈。他的不凡的气质也在吸引着劳拉的芳心。

在他们相识9年之后的1864年3月的一天,洛克菲勒来到劳拉家里郑重地向她求婚,劳拉的应允似乎是顺理成章的事了。

不久,洛克菲勒花费118美元买了一枚钻戒送给劳拉。这在一向节俭成性的洛克菲勒来说确实是惊人之举。这也许是用行动告诉劳拉的双亲:他已是有作为的企业家,他有能力让劳拉过上好日子。

1864 年 9 月 8 日下午，25 岁的洛克菲勒和 24 岁的劳拉举行了婚礼。婚礼由牧师主持，在休伦大街斯佩尔曼家的客厅里举行。只有双方的亲人参加。这很符合洛克菲勒一向不喜欢张扬的作风。

有趣的是就在这一喜庆日子的上午，洛克菲勒仍然照常工作。他去了市内的两处办公室和工厂的箍桶车间，发了一些指令。还对主管人员说："今天这 24 名雇员的午餐费由我来支付，要弄得好一点。当然，别忘了，千万别耽误干活。"至于为什么请客，他没有说明。

接着这对新婚夫妇选择了颇为浪漫的度蜜月形式。他们租来了一辆黑色的梦幻马车顺河而下，到尼亚加拉瀑布等地游山玩水，尽情享受。

黑色的梦幻马车轻快地跑在公路上，正在驶向尼亚加拉瀑布。马车上坐着洛克菲勒和劳拉，脸上洋溢着幸福的笑容。

马车终于停下来，两人跳下马车，沿着一条宽阔的山路向前走着。忽然，他们的眼睛一亮：一道极宽阔的水帘挂在几百米高的绝壁上，在阳光的映照下，像无数颗钻石在闪闪发光。水落下来发出震耳的轰鸣声，有如万马在奔腾。溅起的水花则织成一片片薄雾，令人眼花缭乱。

他们被眼前的美景陶醉了。没见过世面的洛克菲勒表现出强烈的好奇心。他不停地向导游提出各种问题，弄得导游昏头涨脑，竟把马车赶到沟里，还损坏了一个车轮。

他们爬上了一座碧绿的山峰，山下的草地上有放牧的牛羊，还有几幢孤零零的小房子。洛克菲勒急于想了解当地的事情，恰好碰到一位老人，各种问题又像连珠炮似的射了出来："这座山叫什么名字?""为什么这样叫呢?""关于这座山一定有什么故事吧?"
"这里的人靠什么为生?"

老人累得迷迷糊糊,只好可怜兮兮地说:"小伙子,看在上帝的份上,你如果允许我坐一会儿歇口气,我保证回答你所有的问题。"

旅行归来,这对新人住进切尔西大街29号,一幢漂亮的两层楼里。窗户高大敞亮,布置朴实无华。他们没有雇用仆人,家务主要由劳拉承担。

洛克菲勒一有空闲就赶到家里帮助劳拉。如果因为生意上的事耽误了回家与妻子共进晚餐,洛克菲勒就主动向劳拉交罚金,然后把这笔开支记在账本上,他用这种独特的方式表示着自己的爱意,劳拉哪能好意思再去责备自己的夫君呢?

善于财务和习于记账的洛克菲勒对他所爱的女子花费的钱也一丝不苟地记在账上。在1864年的第二类分类账上,按时记载着他追求劳拉和结婚的各项费用:买花束的钱,一次是0.6美元,一次是0.5美元,还有一次是1.5美元。

1864年4月8日,他买订婚的金刚钻戒指118美元;同年9月8日,婚礼费20美元,结婚证1.4美元,买结婚戒指15.75美元;观赏尼亚加拉大瀑布0.75美元;为新娘买垫子0.75美元。连0.03美元邮费也没有在分类账上漏掉!

洛克菲勒无限忠于他的妻子,他们真诚地相爱,相互理解和扶持。到南北战争结束的时候,洛克菲勒无论在事业上还是家庭生活上,都已经打下了坚实的基础。他储备了充沛的精力,去迎接战后美国经济振兴的挑战。

合伙人分道扬镳

虽然克拉克也算是精明的生意人,但是他脾气暴躁,生活上也不太检点。在刚开始与洛克菲勒合作的时候,他常对小他10岁的洛克菲勒说:"要是没有我,你究竟能干什么?"

洛克菲勒不作声,心里却很不快。

凭着才干,洛克菲勒很快成了公司的决策人。克拉克深知自己在能力上比不上洛克菲勒。后来,他把弟弟詹姆斯拉进了公司。詹姆斯原来是拳击手,依仗自己胳膊粗力气大,把谁都不放在眼里。

有一天,为了一件小事,詹姆斯闯进办公室,对洛克菲勒破口大骂。洛克菲勒不动声色,把两脚架在办公桌上。等到詹姆斯骂够了,洛克菲勒冷冷地说:"听着!詹姆斯!你能把我的头揍扁了,可是你要明白,我不怕你。"

詹姆斯自讨没趣,灰溜溜地退出办公室。从此不得不有所收敛。

洛克菲勒对克拉克兄弟越来越不满。他对安德鲁斯说:"软弱和缺乏道德的人注定不是好商人。"他清楚地知道自己需要的合伙人是可靠的、能赢得银行和客户两方面信任的人。

洛克菲勒与克拉克的分歧越来越大。

洛克菲勒要扩大生产规模,向银行贷了很多款。害怕债务的克拉克像老奶奶一般终于忍无可忍,对洛克菲勒大叫:"约翰!你已经借了10万美元了,你想过怎么还这笔钱吗?"

洛克菲勒立即反驳:"不做大的投入怎能有大的收益?要扩大业务,就要有钱,就得向银行贷款。"

他感到和克拉克合伙,就像老鹰的翅膀被捆住一样,无法向高空冲刺。于是他逐渐下了决心:一定要摆脱掉这对兄弟。

有一天,他对安德鲁斯说:"我不喜欢克拉克和他那套做派。他品行不端,他在拿石油作为赌注。我可不想和赌棍在一起做生意。"

他抬起眼睛认真地审视化学家,加重语气说:"如果我买下他们的股份,你愿意同我一起干吗?"

"那当然,这是毫无疑问的。"安德鲁斯向来佩服洛克菲勒的老谋深算,毫不犹豫地表明了态度。

几个星期之后,洛克菲勒与克拉克又争吵起来。克拉克气急败坏地嚷着:"如果你坚持不停地借款,用这种方式做生意的话,我们还是散伙吧!这样你就能完全按你的意愿办事了。"

克拉克已经不止一次用散伙来威胁他。

"我完全同意。"洛克菲勒冷冷地盯着对方,立即表明态度。

这下克拉克反倒吃惊了:"你真的想分手?"

"我真的愿意分手。"洛克菲勒语气平和而坚定,"我已经找到几家银行,他们同意把公司拍卖给出价最高的买主。"

克拉克张口结舌,还想说什么,洛克菲勒已经耸耸双肩,离开了办公室。

拍卖是在1865年2月2日进行的,洛克菲勒和安德鲁斯为一方,克拉克为一方,他们请来了律师主持拍卖。

"500美元!"克拉克开始喊价。

"1000美元。"洛克菲勒毫不示弱。

"1500美元。"

"2000美元。"洛克菲勒紧追不放。

当价标喊到50000美元的时候,双方都知道,它已经超过了公司的实际价值。可是喊价仍在不停地上升。

"60000美元。"

"65000美元。"

"70000美元。"

"72000美元。"克拉克艰难地喊着,头上渗出了汗珠。

"72500美元!"洛克菲勒已在担心自己能否买得起了,可是他毫不迟疑地报出了价钱。他要压住克拉克,这个目标不能放弃。

克拉克站了起来,走到洛克菲勒面前,有气无力地说:"约翰,它归你了。"

"要不要现在开支票?"洛克菲勒紧盯不放。

克拉克摊开两手:"我很愿意把炼油厂托付给你。在你方便的时候再结账吧!"

不过,洛克菲勒还是很快就把克拉克在公司的一半股金,还有72500美元钱一并交给了他。从此,洛克菲勒拥有了克利夫兰最大的炼油厂。

对于洛克菲勒来说，这是他一生中最重要的一天，是他在人生道路上获得成功的开始。从此他要独自运用自己的才能和智慧，去把握和开拓未来。

那是在南北战争接近结束的时候，林肯总统被刺的噩耗刚刚传来，人民都沉浸在悲痛中。在这样一个特殊的日子里，在苏必利尔大街的一幢二层楼上，洛克菲勒—安德鲁斯公司正式成立了。

洛克菲勒站在办公室的窗前向外眺望，一艘艘满载自己工厂精炼石油的驳船，在河面上慢慢地驶向远方，他的心里也充满了对未来的憧憬。

炼油业也正迈向现代化的行列，一切都在日新月异。石油业的繁荣把处于优越地理位置的克利夫兰推上了富裕之路，也造就了优秀企业家洛克菲勒。他不断增加设备，扩大厂房，日产油量达到500桶，年销售额已达百万美元。

1866年至1867年，美国石油业陷入了第一次大萧条的境地。因为投资者太多了，在激烈的竞争中，一些管理不善的小型炼油厂纷纷倒闭，一些采油商也因为供过于求而被迫停产。

然而洛克菲勒的炼油厂却能在不景气中一枝独秀，这得力于他出色的管理。他自己买林场伐木，自己制造油桶，还拥有自己的运货马车、拖船和储油车厢。他更不惜花费巨资让安德鲁斯放手搞研究，不断提高产品的质量。那些生产过程中产生的剩余物品也被加工成柏油、石蜡、凡士林、挥发油和润滑油等有用的东西，深得消费者的青睐。

进军欧洲市场

时代造就了洛克菲勒，他成了时代精神的体现者。26岁的洛克菲勒如鱼得水般，在石油业的商海中自由遨游。

1865年12月，他和安德鲁斯又开了第二家炼油厂——标准石油厂，它和他们开办的第一家炼油厂合起来，确立了他在克利夫兰第一大炼油企业家的地位。其实他的两家炼油厂的厂房都不大，它们不起眼地散落在山坡上。

洛克菲勒整天在工厂里忙碌着。他事必躬亲，脑子里总是想着如何节省开支。克利夫兰的制桶厂都是买湿木料，运到车间里待用。洛克菲勒却要求在树林里锯倒橡木之后，放到窑里烘干，然后再运到炼油厂。因为重量轻了，就节省了一半运费。他还在产油区设立了办事处，直接购买原油，这就节省了花在中间商身上的钱。

洛克菲勒雇用了一位凡事都一丝不苟的工头，两人在附近的琼斯太太家包伙。每当他们两人穿着沾满油污的长筒靴出现在饭厅里时，都让其他用餐人因为无法忍受油味而大皱眉头，以致被赶到门厅里吃饭。

在开采石油的热潮中洛克菲勒已经占领了国内市场，他又把目光放到了国外。他时刻注视着行情，他发现欧洲市场的胃口越来越大，每年要从美国进口数十万桶石油。克利夫兰在1866年有2/3的石油运往海外。一个进军国际市场的计划在他心里形成了。

于是在1866年的一天，洛克菲勒把弟弟威廉叫到自己面前："威廉，我想到纽约再开一家公司，副董事长由你和安德鲁斯担任。"

洛克菲勒的这位弟弟只读完了高中，他先在谷物交易介绍所当簿记员，以后一直跟着哥哥干，工作很卖力，确实是位精明能干的商人。威廉的脸方方的，大大的眼睛使他看上去像德国皇帝威廉，可他的血却像岩浆一样浓。

"你能告诉我，为什么要开这家公司吗？"威廉认真地问。

"欧洲的石油需求量一直在增加，我们应该有一家负责进出口业务的公司。"洛克菲勒回答道。

威廉这才领悟了哥哥的意图。

洛克菲勒接着说："你的任务是用最快的速度，想方设法开辟欧洲市场，让我们的石油出口量不断增加。此外，你要在纽约码头上兴建储油的仓库，还要有一个修理木桶的工厂。这样，出了漏油现象我们自己就解决了。"洛克菲勒考虑问题总是既周到又细致。

威廉点了点头，说道："好的，一切遵照你的盼咐去做。还有其他的事情吗？"

洛克菲勒又补充说："你要和纽约华尔街的银行建立联系。他们那里的贷款利息要比克利夫兰低得多。克利夫兰的银行已经很难满足我们不断发展的需要了。这件事一定要办好。"

威廉懂得与银行打交道的难处，当时的银行家都愿意为铁路和政府贷款。而炼油业被视作风险大的行业，因为火神太喜欢光顾炼油厂了，一把火就会把一切夷为平地，大多银行家都不愿为其贷款。

可是威廉的语气依然坚定，自信满满地说："好，我一定会做好这件事。"

洛克菲勒很满意地拍了拍威廉的肩膀，目光中充满了信任和兄长的关爱。

威廉踏上了征途，到了纽约就在珍珠大街181号设立了办事处，接着马不停蹄地开始了自己的活动。

同时，在克利夫兰的洛克菲勒也在千方百计地筹措发展需要的资金。他一心把自己营造成正在崛起的青年企业家的形象，让银行不敢轻视他。

有一天，他在街上走着，心里在想怎样借到急需的15000美元。一辆马车突然停在他的身边。

"您好！洛克菲勒先生。"坐在车上的是当地一位银行家，热情地打着招呼。

"您好！"洛克菲勒彬彬有礼地扬了一下手。

"不知您是否考虑过，要从我这里贷50000美元。我将会为您提供方便。"银行家的提议犹如雪中送炭。

这无疑让洛克菲勒大喜过望，但是他却来个欲擒故纵："您给我24小时考虑一下好吗？"

"我恭候您的消息。"银行家的马车快速地向前跑去。

暂短的耽搁，表明洛克菲勒对借款并不急切，这反而赢得了银行家的信任。

第二天，洛克菲勒以非常有利的条件，与银行签订了贷款协议，解了燃眉之急。

又一个平常的中午，安德鲁斯气喘吁吁地跑来，找到洛克菲勒："约翰！告诉你一个消息，有一家炼油厂要出售。"

洛克菲勒一听，喜出望外地说："我早就想买这家炼油厂了，无奈他们一直不明确表态。这次一定要买下来！"

"可是他们要现款，不要证券。还一定要在下午17时前送到。我们到那里的火车是下午15时开。"安德鲁斯补充说。

"这么说，就是一定要在15时以前筹到现款了。"洛克菲勒一边说着，一边戴上帽子离开了办公室。是要筹措几十万美元，这可不是小数字。时间已经容不得他多耽搁一时一刻。

于是他只好一家挨一家地跑银行，能贷多少就贷多少，还表明一会儿就过来提款。他跑遍全城的银行，终于凑足了钱款。下午15时他准时赶上火车，如愿以偿地买下那家炼油厂。

洛克菲勒在银行家那里赢得了信誉。他在贷款时总是真实地陈述原因，从不说假话；而且还款迅速准时。与银行家的成功合作，既让他在经营中多次转危为安，渡过难关，也帮助他在激烈的竞争中赢得胜利。

在1866年的春天，洛克菲勒甚至成了俄亥俄州国家银行的董事。但是由于他无暇也没兴趣参加董事会议,最终被除名。由此可见他在克利夫兰企业界有着举足轻重的地位。

当时,在克利夫兰有50多家炼油厂,洛克菲勒的公司规模最大。1865年,他的公司有员工37人,收入已达120万美元。至1866年,收入又上升到200万美元。

此时的洛克菲勒终于成了名副其实的百万富翁。

志同道合的帮手

在弟弟威廉走后，洛克菲勒一直想要找个得力助手。他需要一个能够支持他完成设想和计划的合伙人，于是他找到了亨利·莫里森·弗拉格勒。

不过这次弗拉格勒登场，没有以前那么风光了，理由很简单——他破产了。因为战后对于盐的需求已经大量减少了。他不得不从头开始。

弗拉格勒比洛克菲勒年长9岁，他穿着入时，仪表堂堂，富有幽默感，思维敏捷，办事精明。而且无论什么时候，他都是一副精力充沛的样子。更巧的是他有一点与洛克菲勒惊人的相似，那就是严于律己，喜欢过一种清教徒式的生活。

弗拉格勒也是白手起家的人。他是穷牧师的儿子，14岁时就离开学校，到俄亥俄州亲戚家开的乡村小店里当店员。后来娶了店主人的女儿，又在店主人的一个谷物公司出售农产品。那家谷物公司的所在地是玉米和小麦产区，弗拉格勒曾通过中间商洛克菲勒卖掉许多车皮的小麦。

南北战争期间，弗拉格勒成为军队采购谷物的承包商，还卖给军队大量的盐。他成了暴发户，发了一笔战争财，成立了盐业公司。

最有戏剧性的是，弗拉格勒在破产后，来到了克利夫兰，在洛克菲勒过去的合伙人克拉克的公司里谋到一份工作，也做了中间商。

因为弗拉格勒租用的办公室和洛克菲勒的办公室在同一幢楼里，所以他们经常一起步行上下班，边走边聊。很快他们就发现彼此都雄心勃勃。

弗拉格勒说："我向来知足，但从不满足。"

"亨利，这句话说得太好了，我很欣赏。"洛克菲勒由衷地说。

洛克菲勒一直在琢磨：光靠银行贷款太被动，风险也大，要想生意做得主动，最好能拉到一些投资者。有雄厚的资金才能立于不败之地啊！

洛克菲勒便立即行动，虽然已经拉了一些投资者，可是他还想拉得更多。在下班的路上，他对弗拉格勒说："要发展企业最重要的是资金，您能不能帮我拉一些投资者呢？"

弗拉格勒思索了一下，就爽快地说："我可以给你介绍一位克利夫兰的富翁斯蒂芬·哈克尼斯，他是我继父的儿子。"

弗拉格勒笑眯眯地对好朋友讲起了这位富翁的发家史："那是在1862年吧，他从俄亥俄州一位国会议员那里听到一个消息：政府将对麦芽和蒸馏烈酒征收税金。他赶紧行动，囤积了大量葡萄酒和威士忌。等到政府开始征收这项税金时，他把囤积的烈性酒都抛了出去，一下子竟得到30万美元的利润。"

令人出乎意料的是，一向主张禁酒的洛克菲勒竟然对这笔烈性酒收益大感兴趣，他迫不及待地去会见这位富翁。

不久，洛克菲勒就见到了哈克尼斯。哈克尼斯长得敦敦实实，一头乱发，唇上是海象式的胡须。他是多家银行、铁路、矿业和房地产公司的董事。

经过一番交谈和磋商，哈克尼斯爽快地说："你办企业的路子是对的，肯定会有发展。这样吧，我投资10万美元，让亨利做公司的代表和财务主管吧！"他在心里为能够帮助弗拉格勒重整旗鼓而感到欣慰。

"哈克尼斯先生，非常感谢您对我的支持，我会做好该做的事。"洛克菲勒非常满意有了这样一位有实力的投资者，他的社会地位也将会对自己的生意大有裨益。

1867年，"洛克菲勒—安德鲁斯—弗拉格勒公司"正式成立，公司设在凯斯大楼，一幢有着罗马式的圆顶窗户的建筑里。

弗拉格勒的正式加盟让洛克菲勒兴奋异常，共同的理想又把他们连接在一起。他们每天一起上班，中午一块儿回家吃饭，晚上又一起回家。在路上讨论新的设想，制订下一步的计划。他们还共同拥有一间办公室，两人相背而坐，很多事都是商量着办。

弗拉格勒很擅长起草法律文件，对于别人契约中的圈套能一眼识破。洛克菲勒夫人很愿意当文件的最后把关者，在她严格的目光下，常常找不出弗拉格勒撰写的文件有什么纰漏之处。

"亨利起草的文件让人信得过，比你强。"劳拉开玩笑地对洛克菲勒说。被贬低的丈夫只好瞪着眼睛自我解嘲，用装出来的声音说:"啊,亲爱的,你怎么可以这样对待你的丈夫?"

弗拉格勒在写商务信函时,还是把初稿拿给洛克菲勒看。洛克菲勒也一样。他们交换初稿,在细微处做些改动,直至双方都认为无懈可击后,才正式发出。

一个阳光明媚的早晨,洛克菲勒冲进办公室,兴奋地对弗拉格勒说:"亨利,威廉从欧洲发回150万桶的订单!"他两眼放光,在办公室快步踱来踱去:"这是一个开拓欧洲市场的好机会,我们决不能放过!"

弗拉格勒一听,像弹簧似的从椅子上跳起来:"150万桶!太好了!约翰,你不认为我们应该扩大炼油厂的规模吗?现在的机器设备和生产速度远远满足不了市场的需要,我们终将要控制国际市场啊!"

"他跟我想到一块儿去了。"洛克菲勒用亲切的目光打量着弗拉格勒,心里这样想着。

洛克菲勒忧心忡忡地说:"可是目前资金有困难。克利夫兰银行贷款利息太高,再说,银行经理们大多数都没有什么远见,一有风吹草动他们就要催着还款。"

弗拉格勒显得胸有成竹:"我有办法。我手里有些积蓄,能拿50000美元。另外,我太太的伯父很有钱,可以让他拿出90000美元。他那个人只管出钱,不会管什么闲事。"

洛克菲勒的兴奋真是难以形容,要知道,足够的资金和信誉对企业来说是何等重要。他心想:这真是上帝赐给我的一位志同道合、有眼光、有魄力的伙伴。我们的合作准能创造出奇迹!

洛克菲勒用新增加的资金，增添了不少机器设备，还建立了新厂，他们的竞争能力大大增强了。

弗拉格勒说："建立在商业业务上的友谊比建筑在友谊上的商业业务要好得多。"

洛克菲勒十分欣赏这句话。他和弗拉格勒多年来成功的合作，成了这种友谊的楷模。

降低成本的探索

古亚和加河支流的炼油厂,一天比一天大起来了。

这时,克利夫兰的《领导者》刊登了一则消息:洛克菲勒的公司有一座大车库,可容纳 8 辆原油装卸运输车。另外,还有两座可存放 6000 桶油的货仓。厂内有 10 座炼油炉,日产量可达到 275 桶。

安德鲁斯对炼油法进行了不断的改良,不过这种程序依旧是常压加热蒸馏法的原始工作方式。首先把采来的原油在炼油的锅炉内升温到四五百度,再让加热管中的石油蒸气进入精馏塔中冷凝成略带黄色的蓝色液体。然后把它注入大槽里,用接近沸腾的热水加热,把蒸发出来的黄色气体同亚硫酸气混合,再用活性炭酸钠对混合气体进行发光作业,这样煤油便提炼出来了。

南北战争后解放了黑奴,促使美国北方发生了产业革命。林肯遇刺后,蜡烛的销量直线上升,美国所有的家庭都燃起了烛光,工厂和铁路等企业却大量求购润滑油。

在生产厂家不断扩大生产和更新设备的时候，油井到产油区新建的火车站之间也出现了由5厘米粗的铁管串接起来的线路，这就是新成立的亚利加尼原油输送公司的固定资产。这时管道运输才刚发展起来。

以前垄断原油运输的马车公司，还像他们在南北战争中四处破坏铁路时一样，雇来牛仔出身的搬运苦力，于深更半夜之时去挖断油管，放火烧毁贮油槽，甚至发展到暗杀管道输油公司的老板。

可是在新生事物面前，旧势力不论怎样阻挠总是徒劳的，管道运输就像来势汹涌的海潮一样，淹没了过时的马车。输油管道遍布全宾州原油生产基地。火车站、油井、油库和古亚和加河边，密密麻麻地布满了蜘蛛网似的管道。

石油业的上游工业是勘探石油产地等工作，而精炼和销售则是下游工业。这称呼来自于对亚利加尼河和产油河上、下游工业的区别叫法。洛克菲勒的最终目的是控制下游工业，他对上游工业丝毫没有兴趣。

上游和下游间采用的交易方式，当时还十分原始。上游注满了油槽后，他们就通知下游的管道输送公司。管道输送公司就派人带上测量工具和收据到上游，他们先把测量工具插进油槽测出油量，再填好收据，接着就打开油槽阀门，等油槽放空后再把阀门关上。

因为测量的方法太简单，卖油的上游工厂就把油槽底部的原油沉淀渣和蒸发部分各加了3%到销售价中。比如油井的所有者是两个人的话，下游方面就只在收据上写下所有者的人数。

而此时，克利夫兰已经有50家炼油厂，位于纽约长岛的也有8家。在波士顿、新哈芬、新泽西、巴尔的摩等东岸工业城中，也不断出现新的炼油厂，水牛城和伊利也是这样。

在宾夕法尼亚州这个原料产地，既做上游工业又干下游行业的公司至少有30家，它们都拥有自己的炼油厂。

在杜雷克还没有发现泰塔斯维的油井时，有位名叫多那的商人便向液化煤油发起了攻击。那时，他的工厂已有工人200名，每周产精炼油1800桶，基本上控制了产油的工业。

多那并不是鼠目寸光之辈，他挑选精干的专家当工作人员。他还投资12.5万美元，在泰塔斯维火车站附近，建起了一座具有防火能力的炼油厂。

除了多那，上游企业中此外也出现了一个集团，加入到炼油行业的竞争中。而且上游的集团力量非常强大，这些人几乎全是一些从欧洲大学里毕业的德国工程师。

他们在亚利加尼河的近旁，竖起了20座煤油厂，因为他们的化学知识在当时确实是相当先进的，所以他们的炼油厂每周能产煤油1000桶，附带还生产石蜡、苯和用作染料的苯胺。

而且这些人很清楚自己的产品和欧洲市场十分对路，因此他们的煤油厂全部采用防火设计，分布在占地25亩的一大片土地上。办公室里铺着由欧洲进口的豪华地毯，布置着各种高贵典雅的装饰与家具，把油腻泥泞的上游变成了欧洲的宫廷。

洛克菲勒兄弟公司在上游有工厂16家，每周能出品900桶精炼油。那时，铺设炼油输送管的技术还不那么简单，可洛克菲勒兄弟采用的特殊设计的大功率设备，把工厂里的精炼油抽到附近的断崖上，再利用落差，精炼油就能够自动地顺着管道流到亚利加尼河边。

宾夕法尼亚州的上游工厂，同纽约、波士顿、巴尔的摩等东岸城市中下游炼油企业势不两立。洛克菲勒尽管只在中间的克利夫兰地区从事炼油事业，但他清楚迟早会同竞争对手爆发激战的，因此他先走了一着——垄断下游产业。

垄断，意味着打败其他竞争者。此时的环境对洛克菲勒实现垄断下游炼油和销售非常有利。他决心破釜沉舟，在这场战斗中，唯一的幸存者只能是他自己，这的确是一场殊死的搏斗。

弗拉格勒不满足于只制造木桶这类小玩意儿，他觉得垄断下游产业的时候到了："约翰，如今石油这么景气，也正是世界各地大量消费石油的时代呀！但是，你难道不想扩大我们炼油厂的规模吗？这和我们从前做小麦、盐的生意一样，兴旺的时候人们会有大量的需求。如果我们被机器限制，生产速度跟不上需求的增加，那么还谈什么控制世界市场呢？"

弗拉格勒想要点燃这场垄断争霸战的导火索。

"控制世界市场实际上就是垄断！"弗拉格勒果断地说，而洛克菲勒默默地聆听着。

当时美国有六大炼油中心，内地有3个中心：油区、匹兹堡、克利夫兰；沿海有3个中心：纽约、费城、巴尔的摩。为了争夺控制权，都在使尽浑身解数，树立自己的优势。

洛克菲勒和弗拉格勒也在挖空心思，琢磨着怎样提高自己的竞争能力。弗拉格勒对石油业的情况了如指掌："公司要发展，就要不断地开发新的炼油技术。可是在这方面，我们可不是亚利加尼德国集团的对手。要论资本实力，纽约和费城的实力都相当雄厚。"

"那我们的出路在哪里？"洛克菲勒沉静的目光直视弗拉格勒。

"运输费用直接关系到成本的高低,我们不如在运费上动动脑筋。我想我们应该和铁路签订合同,争取在运费上打折扣,这可是一大笔费用啊!"弗拉格勒用不容置疑的口气说,洛克菲勒则兴致勃勃地听着。

弗拉格勒接着说:"有的石油公司只在需要时才用铁路,不需要时就不会找铁路,使铁路经常无生意可做。如果我们和铁路签约,每天固定运多少油,运量又大,铁路一定会在运费上打折扣。"

弗拉格勒用力地拍了一下桌子:"和铁路谈判的事由我去做。我保证让我们的公司得到好处。"永远乐观的弗拉格勒目光炯炯地盯着洛克菲勒,唇上的胡须骄傲地翘着。

洛克菲勒完全赞同弗拉格勒的分析。他立即追问道:"你想找谁去谈判?是范德比尔特,还是古尔德?"

范德比尔特是纽约中央铁路的总裁,曾当过水手,开过酒馆,后来得到纽约铁路筑路权,靠着拍卖政府免费提供的铁路沿线的土地,发了一笔横财,以后成了名噪一时的铁路大王。

古尔德是伊利铁路的总裁,是南北战争期间倒卖皮革发财的暴发户。后来用逐步买股票的方法,收购了伊利铁路。他是个很有手段的人。

当时在克利夫兰,要运进原油和运出精炼油,要经过3条铁路:伊利铁路、属于纽约中央铁路的湖滨铁路,还有一条宾州铁路。3家铁路公司为争取更多的运货量,也在激烈地竞争。洛克菲勒要利用这种竞争,形成自己的优势。

"我打算找范德比尔特。"弗拉格勒看来早已考虑成熟。

"那么,如果古尔德跳出来怎么办?"洛克菲勒追问说,他考虑问题总是更周全。

"如果你先畏惧对手，那么只能把成功拱手让给别人。"弗拉格勒的脸上是自信的微笑。

"好！那我就等着看你的成功！"喜欢冒险的洛克菲勒用手握住了弗拉格勒的手。

让人始料不及的是，此时范德比尔特也正在急于得到洛克菲勒公司的大运货量。他怕那两家铁路公司走在前面，多次主动邀请洛克菲勒前去会面。洛克菲勒只是派人送去了名片，告诉铁路大王，可以在什么时间到自己的办公室来。

一个29岁的小伙子竟然让74岁的铁路大王按照自己的指挥棒转，这种决不巴结和讨好对方的做法，正是洛克菲勒一贯的作风。

范德比尔特派纽约中央铁路副总裁迪贝尔以最快的速度，来到洛克菲勒与弗拉格勒的办公室。弗拉格勒站起来，握着迪贝尔的手："将军，近来生意如何？"

迪贝尔在南北战争期间当过将军。"不怎么景气。您一定会知道，几条铁路公司之间竞争很激烈。"

弗拉格勒露出神秘的笑容，低声说："怎么样，将军？愿意与我们合作吗？我们每天给你60车皮的运量，这下子你们铁路就会有生意做了。"

"什么？60车皮？"这位将军的眼睛发亮了，因为当时铁路运输的货运量很不稳定。运这种大宗的货物，铁路公司就不用把不同货物、不同地点的车皮混合编组，能缩短很多运输时间，也节省了不少车皮。这种有利可图的事何乐而不为呢？

其实，铁路也得益于大企业的发展。大企业的规模经济会使铁路提高经济效益。

"我们愿意合作。"将军回答得很干脆。他们开始磋商具体细节。

弗拉格勒开始讨价还价:"这种合作总要双方受惠。我们对铁路的要求就是运输价格的优惠。"

"能提得具体一些吗?"

"原油运费每桶0.35美元如何?"

"你是说每桶让利0.07美元?"

"是的。到东海岸的精炼油的运费,每桶就1.5美元吧?"

弗拉格勒还提出了十分诱人的条件:他们同意承担发生火灾和其他意外事故的法律责任,在夏天里停止水路运输。

"就这样定了。"迪贝尔握住弗拉格勒的手,拿出军人的果断气派。

他们只有口头协议,没有形成文字。这是洛克菲勒的主张,他怕以后因为这种协议而造成麻烦。

其实,这种与铁路公司签订合同的做法并不是洛克菲勒的发明。

早在6年前,宾夕法尼亚铁路公司就实行过多次,不仅限于石油,也有其他商品的货运。洛克菲勒一直认为这种做法无可非议,他能得到运费优惠,是因为他有无可匹敌的经营规模——他拥有世界上最大的炼油企业,产量相当于克利夫兰其他三大家炼油厂产量的总和。

事实是,这种做法有碍于真正的自由竞争,对于小型炼油厂来说就只有破产的份儿了。铁路运费的折扣使洛克菲勒和他的某些同行在所有的铁路线上畅行无阻。虽然炼油业里许多竞争对手也享受过运费的折扣，但都没有洛克菲勒得到的多。

直至1887年州际商业法生效，运费回扣才被定为非法行为，可是在1903年埃金斯法颁布前却一直没有绝迹。而洛克菲勒已经在这些回扣里捞到足够的好处，那就是大大降低了成本，获取了更丰厚的利润。

洛克菲勒的石油生意像滚雪球一样，已经越滚越大。在克利夫兰，他已经是万众瞩目的企业家了。洛克菲勒念念不忘在这场交易中弗拉格勒的功劳。

洛克菲勒深有感触地说："坚强有力的同伴是事业成功的基石，他既可以把你的事业推向高峰，也可能导致集团分裂而使你元气大伤，甚至倾家荡产。"这是洛克菲勒一生中得到的最宝贵的经验。

标准石油的兼并行动

1869年，石油业逐渐进入经营困难的地步。连续5年，精炼油的价格像沿着斜坡向下滚动的石块一样不断下跌。炼油业同时受到冲击而陷入困境。

由于原油价格和提炼后的精炼油价格相差无几，使炼油公司无法获利，加之产量又往往超过市场需求，大公司尚可过关，小公司简直叫苦连天。

于是洛克菲勒在石油业中，开始掀起"变竞争为合作"的运动。他说："要想让这个难以控制的行业还能有利可图、长远发展，就必须立下规矩。"

那么这个规矩是什么呢？就是成立卡特尔，通过这种组织，限制过剩的生产力，稳定石油价格。其实，早在南北战争时，采油商们为了抬高油价，曾成立过"油商联合会"来限制生产。

可是要想建立规模经济，需要大量的资金。比如说，要买下那些管理混乱，还一个劲在那里炼油造成生产过剩的厂子就需要钱。

于是洛克菲勒和弗拉格勒商量，提出组建股份公司的主意。

"亨利，您认为我的设想可行吗？"洛克菲勒问弗拉格勒。

"其实，最近我也在想这件事。"弗拉格勒背着双手踱来踱去："我们有了股份公司，就能向一些业外投资的人销售股票，既增加了资金，又不失去控制权。"

洛克菲勒很高兴弗拉格勒和自己有一样的想法，但是一向谨慎的他又发现了问题："是啊！最近许多州都通过了法律，允许商家组建股份公司。可是这类公司不允许在所注册的州以外拥有财产，这种限制对我们很不利。"

弗拉格勒耸耸肩说："那我们就在法律上钻钻空子吧！我看没有过不去的桥。"弗拉格勒似乎永远是乐观和自信的。

1870年1月10日，洛克菲勒创设的标准石油公司成立，公司设在克利夫兰公共广场附近的一幢四层楼房。由洛克菲勒担任总裁，威廉担任副总裁，弗拉格勒任干事兼财务总监。

标准石油公司的注册资产为100万美元，一个刚组建的公司就有这么多的资产，在当时的美国来说可说是首屈一指。它控制着全美国10%的炼油业务，还拥有一家制桶厂，几座仓库、运输设施和一组油罐车。有人说，标准石油公司的诞生是洛克菲勒在绝境中力挽狂澜的杰作。

洛克菲勒自信地对克利夫兰的一位商人说："总有一天，所有的炼油和制桶业务都要归标准石油公司。"

标准石油公司一成立，正赶上欧洲爆发了普法战争，海上的运输业瘫痪了，宾州石油出口业也只好中断。原油价格下降，精炼石油业也受到影响，洛克菲勒的财务困难重重。

也许是艰苦的创业造就了洛克菲勒坚韧的性格,他在逆境面前从不沮丧,头脑反而更清醒。他开始把整个石油业当作一个相互关联的体制,用高瞻远瞩的目光,考虑它的发展战略和长远规划。

洛克菲勒和弗拉格勒还是共用一间办公室。办公室里的陈设很简朴:一张黑皮沙发、4把黑色核桃木椅子、两张桌子,还有一个冬季取暖用的壁炉。洛克菲勒从不喜欢在形式上炫耀生意如何兴隆。

洛克菲勒是公司最大的股东,在10000股中占2667股;弗拉格勒、安德鲁斯和威廉各持1333股,其余的占股人有以前公司里的合伙人,还有外面的投资者。

他们用来吸引股民投资的办法是:公司里主要负责人不领取工资,只从公司股票升值和红利增加部分提成,这样能刺激大家拼命工作。

公司没有像洛克菲勒预想的那样,出现门庭若市的场面,因为当时正处在金融界出现恐慌的时候。还有一些企业家对石油业的前景也没有把握。

有人告诉洛克菲勒:"大湖区的船运卡特尔早就不行了,只剩下一个空名。恐怕您所做的一切也是徒劳无益吧?"

有一位年老资深的金融家告诫他:"先生,我以为您所做的这项实验不是获得巨大的成功,就是落得个一败涂地!"

还有人认为,控股公司的成立简直就是疯狂的举动!

但是充满自信的洛克菲勒却稳坐钓鱼船,他要用行动和事实证明:这些怀疑论都是错误的!

在标准石油公司开始营业的第一年,他给公司股票分配105%

的红利。他开始了征服克利夫兰炼油商的艰苦的历程。

面对着一片混乱的石油业,洛克菲勒的兼并不是从弱者下手,而是从强者下手。他说:"如果能首先打垮最强劲的竞争者,就会造成心理影响。"

他首先想到的是克拉克—佩恩公司。这是一家很有声望的公司。奥列佛·佩恩上校是一位政治家的儿子,待人态度冷漠,却彬彬有礼。洛克菲勒认为,此人将是一位坚强能干的盟友。

1871年12月的一个晴朗的上午,洛克菲勒邀请他的中学同学佩恩见面。两人热烈地握手之后,共同回忆了中学时代的趣事,气氛友好而轻松。

精明的佩恩忽然说:"老同学,我想您请我来,绝不仅仅是为了回忆往事吧?"

洛克菲勒望着佩恩,用诚恳的语调说:"最近以来,我一直为怎样把石油业从混乱中拯救出来伤脑筋。这种混乱不能再继续下去了!它将会把我们全都拖垮。"

洛克菲勒停顿下来,看看佩恩的反应。佩恩正全神贯注地听着。

"我设想能够通过股份公司集中大批资金,建立一种规模经济。这样也许能够改变目前石油业的这种无序状态。"

他还强调:"这是一种能够维护所有人利益的措施。只要有合理、理智和现代化的先进管理,是一定会取得成功的。"

接着,他介绍了标准石油公司的实力,告诉他,公司正准备增资。他直截了当地问:"要是我们能在数额和条件方面的认识达成一致的话,您是否打算入伙?"

佩恩谨慎地说:"现在只能说,我有保留地赞同您的设想和分析。"

他沉默片刻,又提出要求:"能让我看看贵公司的账簿吗?"

"当然,这完全可以。您下午就到我的办公室来吧!"洛克菲勒欣然同意。

佩恩在下午准时到达。他仔细地翻看着账本,被标准石油公司丰厚的利润震惊了:"啊!标准石油公司确实厉害!面对实力如此雄厚的公司,竞争将是困难的,只能是自讨苦吃。"

佩恩在心里琢磨着。他合上账本,抬头望着洛克菲勒,语气很果断:"约翰,我同意入伙了!请尽快找人评估一下我的工厂值多少钱。"

洛克菲勒站起身,郑重地握着佩恩的手。没想到这么快就初战告捷,心里真是乐开了花,但是表面上却平静如水。这是他一贯的风格。

佩恩同他的合伙人商量之后,同意以40万美元的价格出售他的炼油厂,然后持有标准石油公司的股票。

洛克菲勒想:价格是高了一点,可是我无法抵御这个诱惑。这会给其他炼油商以启示和压力。再说,我的实力不是也增强了吗?

"好吧!就这样定了,我同意你的条件。"洛克菲勒果断地说。

"我还要说明的是,我非常欢迎您的加盟,同时,克拉克先生,我也不反对你另谋高就。"

洛克菲勒对这位曾闹过矛盾的合伙人还是耿耿于怀。不久,佩恩就进驻洛克菲勒的办公室了。

洛克菲勒又去找炼油商来谈,用一种抑扬顿挫的传教士口气,向对方讲明利害，时而打着其他的炼油商合作的幌子。他同他们促膝交谈，时而拍拍对方的膝盖。

洛克菲勒用诚恳的语调说："我们在克利夫兰是处在一个极不利的位置上。我认为我们这个计划很不错，是为了共同保卫自己。请好好想想吧，如果您感兴趣，我们愿意与您探讨解决的办法。"

洛克菲勒对某些弱小的同行说："这是一个适者生存的天下，事实已经证明我们是适者。其实，完全可以等那些不走运的兄弟垮掉后再收拾残局。可是我们没有这样做。现在是千方百计呼吁大家，不要再无谓地竞争，这样才会躲开即将临头的破产的灾难。"

"我们是来发挥你们的能力，帮助你们再展宏图的。如果我们团结在一起，就会在合作的基础上共渡难关。"

在洛克菲勒的话语中让你感到，如果你投入到标准石油公司的怀抱，前景是那样诱人而美妙："一旦持有标准石油公司的股票，你们就会什么都不缺。"

洛克菲勒以自信的语气，严厉谴责那些与他作对的人，说他们鼠目寸光、愚不可及。一些丧失了信心的炼油商在人人自危的形势下，相继把工厂卖给了洛克菲勒。对那些濒临破产的某些人来说，能用自己的厂子换来标准石油公司的股票确实是好事。

可是，却有不少人在骂洛克菲勒，这是什么原因呢？大概是洛克菲勒付给他们的钱太少了。洛克菲勒却有他自己的理由："要是一家炼油厂无活可干了，它连一艘船或铁路都不如。因为这些东西还能用在其他方面。"

洛克菲勒还讥笑某些厂子是一堆垃圾，他买下之后不是接着经营，而是把厂子关掉，以削减过剩的生产力。可是对于业主来说，这是一杯难以下咽的苦酒。他的目的是把竞争对手变成卡特尔的一员。所以他不会像某些人指责的那样，目光短浅地去激怒那些人。

洛克菲勒在逐步实现他的计划。传说，每当他买下一个厂子，都会冲进办公室，兴奋地对着安德鲁斯大喊大叫："我们又得了一个炼油厂，山姆，又到手了一个！"他属于那种关上门偷着乐的人。

洛克菲勒接管汉纳—巴斯林顿公司曾经引起争议。

马克·汉纳的叔叔罗伯特·汉纳被请到标准石油公司的办公室。他态度冷漠地对洛克菲勒说："我决不会卖掉我的公司。"口气不容置疑。

洛克菲勒叹了口气，然后耸耸肩膀，摊开两手，似乎是对这个不识时务的人表示惋惜地说："你会孤立无援的，你的公司在克利夫兰将赚不到钱，你没有实力和标准石油公司竞争。你要坚持这样做，早晚要失败。"

不死心的汉纳找到铁路公司，要求得到和洛克菲勒同样的运费折扣。可是铁路方面却说："标准石油公司在运费上得到优惠是因为他是大货主。您如果能提供同样数量的石油的话，照样会得到同等对待。"

这是汉纳无法办到的。最后只好卖掉了一个炼油厂。有几家实力较强的炼油公司又坚持了几年，但只是推迟了兼并的时间而已。

几年过去了，克利夫兰26家炼油厂被洛克菲勒买去22家。有人因此把全部愤怒倾泻在洛克菲勒的头上。其实，按照市场的规律，亏本的小型企业早晚都会关门。洛克菲勒不过是加快了这一进程而已。

还有一些炼油商最终保持了独立，洛克菲勒要求他们接受统一安排的最大产量，标准石油公司将保证他们得到应得的利润。在没有任何规章可循的经济环境中，企业家和商人只能是摸着石头过河，在行动的过程中制定游戏规则。

洛克菲勒和他的同时代人一样，要想在不稳定的环境中建立庞大、持久的工业，他和其他巨头一起，不得不用新的垄断资本主义取代自由竞争资本主义。

对于这种商业行为，当时曾引起很大争议。经济学家们也是见仁见智。

洛克菲勒自有他的看法。他说："我们是被迫这样做的。这一举动开了经济管理体系的先河，改变了全世界的经营方式。时机已经成熟，这一天必然会到来。尽管我们当时所认识到的，只是从这一片残垣断壁中抢救自己而已。"

他还力图从理论上探索如何维护垄断。他说："这是一场合作的新观念同竞争理念的战斗。各自为政的传统已经过时，而且一去不复返。"

当时，联营和集团制在制盐、制绳和威士忌酒等行业中也十分盛行。洛克菲勒的卡特尔只是这众多组织中的一个而已。

就这样，洛克菲勒实际上就成了一个庞大石油卡特尔的主管。这种卡特尔像一个安全岛，它冻结了行业的规模，让业务拓展和革新都能顺利进行。

在这个石油王国里，共有34家大小企业，拥有的炼油能力达到全美国炼油能力的1/4。他本人也成为当地的首富，买下了一个叫作森林山、占地700亩的乡村庄园，正在把它修建成舒适的夏季别墅。

洛克菲勒是个特别专注事业的人。

"缺乏幽默感和安全感",这是他一生的特征。他说:"每天晚上,我一定要先提醒自己,我的成功也许只是暂时性的,然后才躺下来睡觉。"

他手上已有数百万美元可以任意支配,但他仍然担心失去一切财富。怪不得忧虑会拖垮他的身体。他没有时间游玩或娱乐,从未上过戏院,从没玩过纸牌,从来不参加宴会。

诚如马克·汉纳所说:"在别的事务上他很正常,独独为金钱而疯狂。"

有一次洛克菲勒在俄亥俄州向一位邻居承认说:"希望有人爱我。"但是他过分冷漠多疑,很少有人喜欢他。摩根有一次大放怨言,声称不愿和他打交道。"我不喜欢那种人。"他不屑地说,"我不愿和他有任何往来。"

洛克菲勒的职员和同事对他敬畏有加。最好笑的是,他竟然也怕他们——怕他们在办公室之外乱讲话"泄露了秘密"。他对人类天性没有丝毫信心。

有一次当他和一位独立制造商签订10年合约时,他要那位商人保证不告诉任何人,甚至他的妻子也不行。

"闭紧你的嘴巴,努力工作。"这就是他的座右铭。

接着,就在他的事业达到顶峰之时——财富像维苏威火山的金黄色岩浆那般,源源不绝地流入他的保险库中——他的私人世界却崩溃了。许多书籍和文章公开谴责"标准石油公司"那种不择手段致富的财阀行为和铁路公司之间的秘密回扣,无情地压倒任何竞争者。

但他最后还是发现自己毕竟也是个凡人，无法忍受人们对他的仇视，也受不了忧虑的侵蚀。他的身体开始不行了，这个新敌人——疾病——从内部向他发动攻击，令他措手不及，疑惑不安。

起初，他试图对自己偶尔的不适保持秘密。但是，失眠、消化不良、掉头发、烦恼和精神崩溃的肉体表征，却是无法隐瞒的。最后，他的医生们把惊人的实情坦白地告诉他，他只有两种选择：或是财富和烦恼，或是性命。他们警告他：他必须在退休和死亡之间作一抉择。

铁路联盟的无情垄断

1871年11月,洛克菲勒在纽约的尼古拉斯饭店下榻。一天深夜,门外响起了一阵敲门声。

"谁啊?"被吵醒的洛克菲勒不耐烦地问道。

"是我,哥哥。"原来是弟弟威廉。

"这么晚了,有事吗?"洛克菲勒问道。

"湖滨铁路董事长华森现在在大厅等你。"威廉回答道。

洛克菲勒心想:要请华森进来,一定要先叫醒隔壁的弗拉格勒。可是还没等他去叫醒,只见弗拉格勒披了件外套,走了进来。

洛克菲勒告诉弗拉格勒:"华森来了!"

但是弗拉格勒显得一点都不吃惊,问道:"斯科特也来了吗?"

"没有,只有他一个人。"

"这么说,华森是以斯科特的代理人身份来访的。"弗拉格勒得出结论。

弗拉格勒对南北战争之后爆发的匹兹堡周围煤矿争夺事件了如

指掌,他马上向洛克菲勒解释道:"在斯科特还是陆军助理次长时,他们借着运送宾夕法尼亚州的煤和军队的给养品,曾有很大的收获。战争结束后,由于煤矿的过度开采,煤的积压很大,使得行情暴跌,之后引发了非常激烈的运费竞争……"

此时,洛克菲勒的眼睛深处浮现出坚毅的意志,在灯光下很清楚地看到他暗下的决心:一定不能让石油界受制于铁路界!于是洛克菲勒对威廉说:"让华森进来吧!"

华森穿着一件红背心和笔挺的大礼服,由威廉陪同走进洛克菲勒的房间。弗拉格勒坐在洛克菲勒的身边。

华森说:"非常抱歉,深夜来访,打搅了先生。我带来了范德比尔特先生和斯科特先生的重要建议,他希望我们双方携手合作。"

"那请您把建议说说吧!"洛克菲勒不动声色地说。

华森并没有多加说明,便直接进入正题:"斯科特先生提议,运输石油的所有铁路公司与特定的石油业者进行联盟。加入同盟的炼油商可以享受可观的折扣。而规模小的炼油商不能加入,对他们将大幅度提高运价。"说完重点后,华森便缄默不语。

"哥哥,我觉得这个主意不错,你觉得呢?"威廉已经完全赞同华森了,弗拉格勒的眼神中也流露出赞许的意思。

对于洛克菲勒来说,这无疑是梦寐以求的机遇。他看了看弗拉格勒,两人心领神会。但是他掩饰住内心的喜悦,只是以淡淡的口气说:"先生,我们将认真考虑斯科特与范得比尔德先生的建议。"

威廉把华森先生送出了饭店。

"我们等着你们的答复,越快越好。"

送走弟弟和华森后,洛克菲勒向弗拉格勒说明了自己的意思:

"虽然华森的建议不错，可是我们一定不能让铁路掌握了控制权，如果那样的话，他们就可以擅自提高运费。"

卡特尔是垄断组织的最初形式，它是在各企业签订的协定下，各企业互相平行的结构体。有心之士早就预防到了垄断的产生，各州议会通过的州法规定，美国各州不得设立控股公司。可是狡猾的斯科特到处活动，对宾夕法尼亚州议会施加压力。

斯科特对于那些一贯接受贿赂、经常仰仗各种政治性捐献的地方政客具有相当大的吸引力，经过四处奔忙，斯科特最后在滨州设立了控股公司。

斯科特本人另拥有一家撒克逊证券投资公司。他以此为跳板，在操纵股票时就有控制南方各铁路的想法。另外，通过南北战争时期军火调度的渊源，他同法国投机公司也有很深的关系。

就在斯科特以折扣运费为诱惑，与顾尔德的伊利铁路联合自己的宾夕法尼亚铁路来拉拢长岛的炼油厂的时候，巴尔的摩、俄亥俄铁路和英国出资的亚特兰大铁路也闻风而动，也以同样的条件来竞争。后来所有深入石油原产地的铁路都加入了运费折扣大战，情况对斯科特来说日趋严重。

同盟很快建立起来了，它是企业统一联合体这种特殊垄断形式的开端。母公司是一个控股公司，在2000股的股份中，洛克菲勒一方占有900股，占有绝对优势，控制大权实际掌握在洛克菲勒手中。他列出了加入同盟的12家炼油厂的名单，这就是所谓改造南方公司。

斯科特在事先做了妥善的安排。他与范德比尔特及古尔德等铁路缔结了一个秘密协定。该协定确保斯科特的铁路公司有45%的运输比率，而纽约中央铁路，包括湖滨铁路与伊利铁路的运输比率限制为27.5%。

洛克菲勒提出一份列入控股公司的公司名单，问弗拉格勒说："到底应该吸收哪些石油企业加入控股公司呢？"

弗拉格勒对此也很头疼，说："怎样选出适当的公司，实在是一门学问。那些未被列入名单的企业成为运输战中的失败者，他们将面临灭亡的危险。可是如果这些名单以外的企业势力过于强大，那么他们可能联合起来，组成另外的卡特尔，这又是个大问题。"

经过谨慎小心的商议，最后洛克菲勒列出12家公司的名单，参加联盟的企业全是在市场上占有率较大的。参加者相互交换了备忘录，并起誓保守秘密，信守合同。于是，美国工业史上最残酷的"死亡协定"签订了。

改造南方公司与铁路大联盟之间也签订了运费秘密协定。于是没有联盟的中小型炼油企业一定要付出两倍于公定价格的费用，它们之后会因此而被淘汰。

普法战争结束后一年，铁路大联盟的秘密最终被揭穿了。

"铁路公司想搞垮石油原产地吗？"人们议论纷纷。当地报纸也载文揭露，分别以"小偷"、"骗子"等标题写出系列报道，一时间石油原产地的人们哗然。

在泰塔斯维的歌剧院聚集了3000多人，其中有采油者、当地炼油者及石油掮客，甚至包括城市的银行家和零售业者，他们共聚一堂，共商对策，他们面对的是一场死亡与生存的战争！经过协商，他们拟订了抗议书并分别寄给各铁路董事长。

收购战中的得力助手

生产石油地区原本是农田或旷野荒山,现在成了油井。似乎每家院子到处都是金子的源泉,农民与木材商染上了暴发户的恶习,逐渐走向奢侈,直至被洛克菲勒吞并为止才改变这种恶习。

一个最简单的例子就是,他们不愿意亲自写最简单的问候信,宁愿花费惊人的价钱来拍电报。1835年摩斯发明了电报机,1840年阿姆斯壮开发出水力发电,两者互相配合。1858年架设了横跨大西洋的海底电缆,德雷克开采石油成功之后,产油地区马上设立了一个电报局。

经过千辛万苦才开发出来的油井,本应保持10桶的日产量,但是他们为了追求更多的利润,放弃了这些低产的油井,另寻新井,他们宣称"生产效率太差"的油井应该被抛弃。

对边际效用这些人完全不顾,极尽浪费之能事,如此一来,产油河地区的木材商或农民与投机商人没有太大的差别。他们恨不得土地或设备能立即给他们带来百分之百的利润,连开采出来的原油也坚持以现金来交易。这充分反映了这些农民的愚昧、焦躁和不安。

石油市场行情的暴跌，使生产者很快就意识到生产过剩的严重性，他们决定在半年内不准开采新油井，如果半年后还不能解决生产过剩，就再封锁一个月。

目前生产地区的企业家面临着严重的困境。首先向欧洲输出原油的途径行不通了，因为在欧洲市场有一种新科技的煤液化油上市了。由于它价格低廉，而且性能良好，所以排挤了这里产的原油。

此时，洛克菲勒作出了令人费解的决定：以每桶4.75美元的超高价向原产地者同盟收购原油。于是，马上有许多闻风而动的"夜猫"出现了，"自我约束"早被他们抛到脑后了。与此同时，洛克菲勒也派出了大批的掮客。

这些掮客的皮包里塞满了现金，洛克菲勒要求他们"买现货"，掮客们对那些生产者说："标准石油公司每天将以现金收购15000桶原油，快和标准石油公司签约吧！"

尽管同盟方面发现了情况不妙，拼命劝阻："标准石油公司是条大蟒蛇，大家千万不要上当！"但是原产地业者对这些警告充耳不闻，原因是诱饵实在太迷人了。

原产地者看也不看就定了合约，为了应付这突如其来的好景，他们又纷纷开采新油井。可是在签订的合约中标准石油公司并未保证永远保持4.75美元的价格。

由于石油行情的变化不定，所以无法预测市场的价格变化，因为供需变化状况无法确定。洛克菲勒自然不会白白做出蠢事，他这一招就瓦解了生产者同盟的防线。

当标准石油公司保证每天购进15000桶原油，并已购进了20万桶后，突然宣布中止合约。维持了两星期的抢卖热潮便告结束，原产地的好景消失了。

原产地业者纷纷要求做出说明，标准石油公司答复："供过于求的状况已破了历史最高纪录，这是你们的责任，而且因为你们大量到处抛售原油。现在我们可以出价每桶2.5美元，到下个星期假若每桶高于2美元我们就不买了。"

"到处大量抛售"这句话好像在暗示"只要卖给我标准石油公司，价格就不会下跌！"

事实上，原产地方面在洛克菲勒提出每桶4.75美元的价格后，各家疯狂扩采，等到发现上当后，日产量已高达5000桶。所以即使这样也没有办法，只好解约。这些企业在解约后相继破产，对于洛克菲勒来说此举正中下怀。

洛克菲勒的标准石油公司是纽约中央铁路最大的客户。因为与其他小型的石油公司相比，它每天的输送量达60多辆，没有一个月的货运量低于18万桶。因此即使付出较高的折扣，对于铁路公司来说还是没有遭受损失。

洛克菲勒在兼并公司的过程中，最大的收获是得到很多优秀人才。对洛克菲勒来说，他们都是无价之宝。他们八仙过海，各显其能，为打造洛克菲勒的石油王国立下赫赫战功。

洛克菲勒在收购查文斯·普拉特公司的时候，该公司的亨利·罗杰斯来到他的麾下。罗杰斯曾是铁杆的洛克菲勒反对派，他领导纽约的炼油商组成联络委员会，坚决反对洛克菲勒组建的南方开发公司。现在却心甘情愿地投奔洛克菲勒。

罗杰斯是一位锐意进取、非常有活力的人，也是一位管理上的多面手。他是标准石油公司的重要领导成员之一，曾先后负责过标准石油公司的原油采购、管理运输和制造部门，他还为一种从原油中分离石脑油的重大工艺申请了专利。不过后来与洛克菲勒发生了冲突。

亚吉波多比洛克菲勒小9岁，个头不高，长着一张娃娃脸，是一位浸礼会牧师的儿子。10多岁时，因为父亲抛弃了家庭，他一个人来到泰塔斯维，参与到炼油业中。他以800美元起家已逐步达到每月生产25000桶的规模。

亚吉波多头脑灵活，思维敏捷，讲起话来声如洪钟。极少欣赏什么人的洛克菲勒却非常喜欢这个小伙子，千方百计把他挖过来。可是，亚吉波多以前却是洛克菲勒最激烈的反对者。

当铁路大联盟的秘密揭穿后，炼油商联合起来进行抗议活动。其中最引人注目的就是亚吉波多，在他的倡导下成立了生产者联盟。他还提出一项政策：大封锁，即原产地拒绝向同盟的成员提供原油。他还印出30000份传单，分别送往华盛顿联邦议会和宾州议会及法院。

令人印象深刻的是，亚吉波多每次在饭店投宿时，旅客登记簿上都会留下他独特的签名："亚吉波多，每桶4美元。"

每桶4美元是原油生产者联盟提出的价格，亚吉波多用这种方法为生产者联盟做宣传，他本人的名气也直线上升。他在剧院发表措辞激烈的演说，让听众群情激愤。

他还鼓动示威群众和报社记者，向议会呼吁：取消改造南方公司。报纸上也连篇累牍地以醒目标题报道石油大战，刊登讨伐文章。

面对强大的反对力量，洛克菲勒有些招架不住了。大同盟的始作俑者斯科特首先退缩，紧接着政府官员和社会名流也发表讲话。宾夕法尼亚州的立法机构终于通过了一项撤销改造南方公司的法案。

亚吉波多和他的生产者联盟取得了最终的胜利。

然而，受到沉重打击的洛克菲勒并没有放弃，他用合法收购的办法买下克利夫兰22家炼油厂；他还成功地拉拢石油客商，打破了石油产地的大封锁，产油商们争着把原油卖给洛克菲勒。

洛克菲勒也因此感觉到亚吉波多的潜力，于是请华森到小伙子下榻的饭店里去拜见。

"听说您的签名很有趣。"华森试探着问亚吉波多。

亚吉波多并不领情，他慷慨陈词："每桶4美元，这是我们原油产地生存的唯一要求。停止你们的秘密协定吧！并承认这个价钱。否则，我们就走着瞧吧！"

"我带来了一个建议，你愿意加入改造南方公司吗？那样的话，你既可享受优厚的股份，又能得到运费的折扣。"华森亮出底牌。

亚吉波多勃然大怒，拍案而起："我不会接受你们的诱惑。你们还想把产油区的人逼到什么地步才能停止？送客！"

当26岁的亚吉波多再次出现在纽约的一家豪华饭店时他不得不承认自己最终还是败在洛克菲勒手下。他对于原油产地的混乱不堪，对产油商们的急功近利、没有头脑感到万分沮丧。

洛克菲勒在一个房间里会见了亚吉波多，他满面笑容地握住亚吉波多的手，请他坐在沙发上，然后倒了一杯香槟酒递在他手上，目光温和地望着对方，诚恳地说："我一向认为您是最精明、最能干的年轻人，我对您的能力很钦佩。"

当他们谈到未来石油业发展的前景，洛克菲勒的宏图大略和魄力让亚吉波多深深地折服，亚吉波多的一些新见地也让洛克菲勒大力赞赏。他们谈得很投机，最后热情地拥抱在一起，愉快地共进晚餐。

"是不是反对过我并不重要，重要的是这是难得的人才。"洛克菲勒对弗拉格勒说。他有这样的胆识和胸怀，正是他高人一筹之处。在他的一生中，有不少反对过他的人最终成了坚定的盟友。

1874年的秋季，一个名叫埃充森的石油公司在泰塔斯维成立，它的董事长是亚吉波多。因为他是生产者联盟的领袖，同行们都前去祝贺，开业典礼异常隆重。

亚吉波多穿着笔挺的西装，兴高采烈地与同行们碰着酒杯，心安理得地听着喜庆的祝词。没有人怀疑他有什么特殊的背景。

亚吉波多开始拼命收购炼油业的股票，也许是因为收购得太多、太猛了，渐渐地引起人们的怀疑："他是不是洛克菲勒的代理人？""他是不是想吃掉原产地的小炼油商？"

也有人问他："亚吉波多，您怎么会有那么雄厚的资金啊？"

亚吉波多轻松地笑着说："我向纽约一家银行贷了款。"

"也许是美孚石油公司给的钱吧？"有人讥讽他。

亚吉波多却不加理会："对不起，我很忙。我们先不谈这个话题吧！"

石油原产地的人对洛克菲勒防备有加，甚至充满仇恨。他如果亲自出面收购，成功的希望几乎等于零。但是如果亚吉波多出面做标准石油公司的代理人，那是再好不过的办法了。因为在石油原产地，亚吉波多一向是威望很高、备受喜欢的人物。

亚吉波多选择了一个适当的机会，在家里备上丰盛的酒宴，把泰塔斯维的炼油商们请到家里。这些炼油商都是年轻人，他们不停地举杯，大声地说着俏皮话和引人发笑的故事，气氛非常热烈。

等到酒酣耳热之际，亚吉波多站起来，用锐利的目光扫视着全场，用诚恳的态度说："弟兄们，我们一直是同甘苦共患难，今天既然我看清了一件事，我就有义务提醒大家：今后我们在产油区再搞独立经营是越来越困难了。有的公司不是已经倒闭破产了吗？与其等待破产，不如把我们的厂子换成有发展前途的大公司股票。"

热烈的气氛一下子变得鸦雀无声，笑容凝固在炼油商的脸上。

"现在，最有发展前途的公司是石油公司，它的实力我们任何人都无法相比。拥有它的股票，就是拥有了财富，拥有了稳定，我们何乐而不为呢？加入石油公司后，你们仍会保留原来的职务。"

亚吉波多这位原生产者联盟的领袖，终于撩开神秘的面纱，露出了自己的真面目。

炼油商们面面相觑，接着就像乱了营似的，相互间探讨着出路问题。他们渐渐地明白了，这时亚吉波多手中收购的股票足以左右他们中的任何人，你是心服也罢，被迫也罢，出路只有一条，那就是加入标准石油公司。

这些人带着疑惑、恐惧，还有怨恨，都乖乖地按照亚吉波多的指挥棒去做了。有几家硬撑着保持独立的厂家，最后终于宣布破产。

在短短几个月的时间里，亚吉波多就买下或租赁了 27 家炼油厂。后来在余下来的三四年里，他又把剩下的独立炼油厂也收到了标准石油公司的麾下。

洛克菲勒终于拥有了产油区的全部炼油厂，而在这场收购大战中，功臣是亚吉波多。从此，亚吉波多很快晋升为标准石油公司的副董事长，成为洛克菲勒最得力、最信任的助手。而且洛克菲勒退休后，他便出任了第二任董事长。

遭遇倒戈之战

萨拉托加位于纽约平原上，曾经是一个古代的战场。独立战争时期这里曾经发生过激烈的斗争，"萨拉托加战役"也在这里发生。那是在英国殖民统治时期，法国军队联合印第安人从这里入侵，屠杀了大量的移民。

"萨拉托加"在印第安语中的意思是"毛皮宝库"，盛产毛皮。其周围的沼泽区，现被开发成了旅游疗养中心，是一个幽静的场所。这里有含有碳及镁等各种微量元素的矿泉水，建有许多豪华的饭店、赛马场、马房等设施。

由于垄断在纽约市而臭名远扬的塔玛尼·荷雨派政客都聚集在此，而且最近黑手党的教父集团也把它作为秘密会谈场所，以此来避开新闻记者的骚扰。这里对于洛克菲勒来说，无疑是个绝妙的舞台。

洛克菲勒来到这里，策划着一场现代的石油战。他把纽约、费城、匹兹堡的主要石油大亨都邀请到他的别墅里，进行秘密商谈。

他的目标是统一纽约及东部地区的炼油业。

在会议上，弗拉格勒说出了他们的计划："现在，全国剩下的炼油厂，波士顿有3家，纽约有15家，费城有12家，匹兹堡有22家。我们不打算放弃企业统一联合体，我们想根据国内外的需要，继续发展、调节石油的供需，而不是蓄意恶性竞争……"

在弗拉格勒进行完开场白后，洛克菲勒用坚定的声音说："3年前我控制了克利夫兰的炼油业，现在谁也不能在那里捞到什么好处。这就是联合体的好处，还有纽约中央铁路和伊利铁路的货物转运权，也在我的手里。"

洛克菲勒没有撒谎。纽约中央铁路所输出的石油中，有一半是由伊利铁路转运的。这使得这两大公司竞争激烈。与此同时，因为他控制了这两条主要铁路的货物转运，所以对于其他由东部出货的公司的出货数量也十分清楚。当然，洛克菲勒对于竞争公司的运费也了如指掌。

洛克菲勒的一番话引起了在座人的议论。洛克菲勒接着说："据我所知，现在各铁路公司已经开始共商对策，准备制定一个新的公开运输协定，这项新协定将不再给予折扣。如果我们能团结一致，铁路公司就不敢轻视我们，就有希望获取折扣！当炼油业合并以后，就能成为所有运输业的核心，不但可以控制全国的石油价格，避免毁灭性的价格大战，还可以支配铁路！"

在费城拥有大量炼油厂的石油巨子洛克哈特动心了，他看着另一个石油商瓦登说："我认为洛克菲勒先生讲得很有道理。"

于是洛克哈特郑重而充满自信地承诺："这样吧，费城一带和匹兹堡的炼油商由我负责说服。"

双方约定的办法是：洛克哈特的股票可以和标准公司的股票交换，这种交换绝对保密，对外界仍用洛克哈特的名义。这样，可以免受舆论对垄断的批评。反之，若让舆论界知晓，合并的计划可能生出许多麻烦。

很快，费城的沃登和其他一些主要的炼油商都被说服了，这使得一度受挫的改造南方公司重新焕发生机。而此时的石油界已经完全落入洛克菲勒的手中。

洛克菲勒赢得了费城地区最大的炼油厂，还有匹兹堡为数一半的炼油厂。在纽约，他们收购了生产盒装煤油的德沃制造公司和长岛公司，兼并了查尔斯·普拉特公司。

正当洛克菲勒一帆风顺地实现自己的理想时，突然传来了坏消息：原来的同盟者，宾州铁路公司的董事长斯科特倒戈了。

斯科特擅长战略，素有"头脑冷静的沉默男子"之称，是洛克菲勒平生遇到的最强劲的对手之一。他是一个野心勃勃的人物，曾提出组织改造南方公司的计划，主动找洛克菲勒建立铁路同石油巨商的同盟。

斯科特在得知洛克菲勒在萨拉托加举行秘密会议后，他决心倒戈，于是设立了宾州铁路公司的空头公司——"帝国运输公司"，结社链接原油产地和匹兹堡之间的油管。他之所以这样做，是因为他担心洛克菲勒在操纵了克利夫兰的石油后会把垄断延伸到东部各重要行业。

斯科特还赶紧建造5000吨的运油船，组成五大湖区的石油运输船队，还在新泽西建造仓库及贮油槽，准备把这个与哈得逊河和纽约相对的地方作为转运站。总之，他想垄断东部的石油运输，挫败洛克菲勒对石油业的操纵和垄断。

对于洛克菲勒来说，这无疑是公开的挑战，他负担了伊利铁路和纽约中央铁路公司存亡的责任，这也是标准石油公司的关键之战。

为了取得胜利，洛克菲勒找弗拉格勒商量："今年我们必须减少标准石油公司股东的分红，用这些钱改善和更新炼油设备。"

弗拉格勒考虑得更加具体："我们还要增加投资，从欧洲引进先进的生产技术，防止蒸馏过程中漏油现象的发生。"

这样一来，生产精炼油的成本降低了，还提高了质量和产量。再加上铁路运费提高折扣率，保证了洛克菲勒的精炼油以更低的价格向斯科特的势力范围——匹兹堡大力倾销。

同时，洛克菲勒使伊利铁路和纽约中央铁路公司提高折扣率，这也使得洛克菲勒的形势更加有利。

洛克菲勒把斯科特的势力范围市场匹兹堡当作目标，展开了倾销战，结果使得斯科特每月的赤字高达百万美元以上，但是这对一向狂妄的斯科特而言，他还没有罢休的念头，依然咬着牙继续与洛克菲勒斗法。

斯科特为降低油的成本，解雇了许多工人，还把工人工资削减了1/5。在战争进入第三年的夏天，忍无可忍的工人爆发了大规模的罢工，还引发了流血事件，匹兹堡就有25人丧生。

斯科特被这场罢工彻底摧垮了。受到重创的他赶快到洛克菲勒公司，要求休战讲和。

斯科特紧皱眉头，一脸沮丧地坐在洛克菲勒对面。

"如果您能够答应我的条件，我愿意考虑讲和。"洛克菲勒面无表情地说。

"您有什么条件，请讲。"斯科特急切地问。

"我准备用340万美元买下您的空头公司——帝国运输公司。"洛克菲勒在语气中流露出对帝国运输公司的轻蔑。

斯科特惊得目瞪口呆：这区区340万美元与他在相持战中的巨大损失相比，简直是微不足道！他不得不做一次垂死挣扎！"洛克菲勒先生，考虑到我的实际消耗，我真诚地希望能再增加100万美元。"

洛克菲勒面无表情地摆摆手，不再开口了，他的眼睛望着窗外蓝天上变幻的云层。

斯科特只好按照洛克菲勒的意见，签订了协议。

经过这场战争，倒戈的宾州铁路公司在洛克菲勒的支配之下了，匹兹堡的炼油业也落入了洛克菲勒手中。更重要的是，他接受了斯科特在新泽西建造的大型贮油槽。从此以后，洛克菲勒就把新泽西作为进出口的桥头堡，开展他的世界型企业活动。

在1877年，费城、匹兹堡的炼油厂也都归到标准石油公司的名下。只是在纽约，还有一些零星的独立经营的炼油厂，洛克菲勒把它们作为自由竞争的点缀，留下来，以避免人们指责他垄断石油业。

在1878年，标准石油公司发放的红利让人惊羡——每股60美元，股票面值是100美元。洛克菲勒已经控制了石油业，无论原油生产不足，还是生产过剩，他都能获取利润。至1880年，标准石油公司提炼的石油，已占全美国石油生产的90%。

在击败宾州铁路的总裁斯科特之后，洛克菲勒没有把对手彻底打倒，他的目标是尽可能地和解，加强双方的联盟，用这种办法扩张自己的势力。

于是洛克菲勒和斯科特又签订了新的联营计划：标准石油公司每年要宾州铁路运输200万桶石油，好让对方有足够的货运量作为回报，标准石油公司从这些货运量中提取10%的佣金。标准石油公司还要充当由各铁路公司制定的总体规划的执行人，给各铁路公司分配石油运输的份额。

洛克菲勒就像一位高明的驯兽师一样，把大铁路公司，得心应手地驾驭在手中。

油管之战的胜利

洛克菲勒和斯科特的战争结束后，产油河地区的反抗依然没有停止。这些"原产地生产同盟"想出了一个计划：在原产地和五大湖之间架设油管。用油管将石油输送到伊利湖，然后经油船运到纽约。

洛克菲勒在原产地收买许多人为商业间谍。这些间谍万一被原产地业者联盟发现，标准石油公司愿意负责他们的生活费用。亚吉波多在石油原产地卧底，他负责把间谍们提供的零散情报进行加工、分析、过滤，提供给洛克菲勒。

赫普特有着典型技师的性格，他沉默不语，但是却非常大胆并且很能干。他独自一人来到宾州北部尚未开发的山区，默默地进行勘察工作。为了不让洛克菲勒发现，他寻找的土地大都是樵夫砍伐的偏僻森林，在订约时，还特意打上暗号。

在这些土地买卖中，最麻烦的一桩是买位于威廉波特北边某郡的土地。假如冒失签约，马上就有外泄机密的可能。赫普特经过调查发现，在两座农场之间的小河河底，是一块没有主人的土地。这宽达6米的河底不属于任何人，尽管两侧堤岸之外的土地归农场所有。于是他偷偷地想让州政府买下这些土地。

铺设油管的工作在买下土地后开始了。虽然有受到洛克菲勒干扰的危险，但是赫普特什么都不怕。赫普特是铺设工作的行家，即便碰到使人吓破胆的惊险场面，他也能使事情顺利完成。

有一次，在架设宾州铁路沿线的油管时，油管计划经过铁路下方的排水沟，因为工人们连夜赶工，搬运工作还没有完成。天亮了，第一班列车通过时钩倒了油管，工程因而遭到破坏。幸而铁路两旁还没有被注意，秘密铺设的工作才得以继续进行。

那时使用的铁管是直径15厘米的，远比现在动辄1米以上的铁管小，但那时却是最高级的。尽管宾州铁路有可能会拒绝运送这些工程材料，不过制订计划后，经过5年，架设油管工作终于大功告成。这个工程被称为"泰特华德油管"。

见赫普特有这样非凡的才能，沉默了一段时间的东部石油原产地联盟看上了赫普特。一位叫宾森的投资家，请赫普特架设连接原产地和东部的油管。

宾森是个争强好斗、智勇双全的人，他曾担任过纽约州的州长。虽然他与洛克菲勒并没有很大的过节，但是他对强大的对手非常感兴趣，喜欢在争斗中寻找人生乐趣。他一心想与洛克菲勒一决高低，替那些被洛克菲勒击败的同行们出一口气。

宾森已经制订好计划：在原产地的亚利加尼河到东部的巴尔的摩之间架设油管。然后他向州议会进行申请，购买土地，这些工作都在秘密进行中。

架设油管工程需耗资 62.5 万美元，由赫普特亲自主持工程建设，规模宏大，引人注目，洛克菲勒似乎一点也不清楚。其实洛克菲勒不是疏忽了，而是虽获得了情报，却作出了错误的判断，最后迟迟没有动手。

原产地尽管在地平线上铺了输油管，但是最长也不过只有 48 千米地方支线。从当初的情况看，还没有能使油管横越山头的吸管。

宾森的计划，因为目标太大而流产了。赫普特重新勘察地形，然后决定将油管架设到离布拉夫特郡南方约 174 千米的威廉波特。

流经油管的原油，如果先到威廉波特，然后再转运到各地，那么从原产地布拉夫特郡的新油田到巴尔摩的，运费不会超过 0.3 美元，即便去纽约也不过 0.6 美元而已。

1879 年 5 月 28 日，世界第一个长距离输油管开始启用。在开启油管后的第七天，原油终于胜利抵达威廉波特的贮油槽。

洛克菲勒听到油管顺利到达威廉波特的消息，顿时受到了非常大的震动。他担心一旦铁路运费战争再次打响，铁路公司的末日就到了，而自己的垄断梦想，也会受到致命的打击。

正当洛克菲勒、弗拉格勒和威廉失去信心时，宾森前往欧洲的消息又接连而来。宾森从欧洲回来，立即赶赴纽约，据说他要获得美国第一国际银行的 200 万美元的贷款。

宾森贷款成功后，有人赶到第一国际银行职员办公室告密："泰特华德公司有人暗中贪污款项，给他们贷款恐怕有倒债的危险。"

告密者正是该公司 1/3 股票拥有者——帕塔森。但是银行却非常信任宾森，他们以"缺少证据"为由拒绝了帕塔森的密告。

帕塔森以前也是原产地同盟的主要成员，曾参与蟒蛇运动，但是却和标准石油公司在当地的间谍亚吉波多有很密切的关系。除了帕塔森以外，亚吉波多又召集了宾森所想到的那几位股东进行颠覆工作。

帕塔森和其他4名内乱分子，为了夺取公司，他们不仅造了许多空白股东委任状，还雇用了全副武装的黑人，及带着工具的挖井工人，对总会场严加戒备，这样他们的吞并计划顺利完成了。

洛克菲勒的行动很快，也很精密，整个兼并的计划早已安排妥当。第一步，他秘密投资500万美元，成立了名为"美国运输"的油管公司，一旦吞并泰特华德成功，美国运输再增加投资3000万美元。

同时，在原产地到克利夫兰，洛克菲勒铺设了口径约1.15米的油管；在原产地到水牛城之间，他铺设口径为0.15米的油管；此外，在原产地和匹茨堡之间，也铺设了口径为0.10米的油管。

铺设油管的技术问题，后起的洛克菲勒肯定吸取了泰特华德的很多经验。这种优势又把洛克菲勒的垄断梦向前推进了一大步。先是冷静观察赫普特的油管计划，然后却坐享其成，把财富据为己有，这难道不是洛克菲勒早已定好的锦囊妙计？

解散联合企业

所谓托拉斯，就是生产同样产品的多家企业，不再各自为政，而以联合的形式，组成一个综合性企业集团。而卡特尔那种各自独立的企业为了掌握市场，在生产及销售方面结成联合战线的方式，已经比不上托拉斯的垄断性了。

1879年洛克菲勒几乎拥有了美国所有的炼油厂和输油管道，成为名列全美20名巨富之一。由于他的出色业绩和在权力的组织和调度上的超凡能力，被誉为"全国最伟大的商业奇才之一"。

然而此时洛克菲勒又在思索着：如何才能让那些合并的工厂合法地受制于标准石油公司？各个企业又怎样能够联合起来，步伐一致地协调生产？

当时还没有一部联邦公司法，俄亥俄州的法律规定：不允许该州的公司拥有其他州公司的股票。也就是说，跨州经营是不合法的，而标准石油公司正是一个全国性的组织，这是违反法规的。

多德在当时是一个年轻的律师，曾写了一些《油的大地》之类的抒情诗,思想保守、刻板。他在一篇文章里扬言"小商人时代已经结束,大企业时代即将来临",结果受到洛克菲勒的高度评价,并高薪聘请他为法律顾问。

多德曾在1872年宾州立宪大会上,作为一名民主党议员,慷慨激昂地痛斥标准石油公司是一条大蟒蛇。但是,洛克菲勒能够不计前嫌,唯才是用,表现出一个大企业家的胸怀和气度。

洛克菲勒给出的月薪是500美元,多德欣然应允。有人指责这是一种背叛,因为他曾代表石油原产地的商人对标准石油公司提出过诉讼。多德对这些指责并没有多加理会,他不以为然地说:"这正像牧师被聘担任薪金更高的工作时所说的那样:'这完全是上帝的意旨。'"

从1881年至1905年,多德一直担任标准石油公司的首席律师和新闻发布人。他逐渐成为洛克菲勒最得力的谋士。后来在听证会上,洛克菲勒总是先看看多德的脸色,才开口回答问题。

多德走马上任之后,接二连三地向洛克菲勒提出自己的方案,前两个方案被洛克菲勒否决了,第三个方案即是建立托拉斯。

托拉斯是多德思索出来的法律纰漏,他是从《英国法》的信托制度中获得灵感的。"托拉斯"是英语中Trust一词的音译,意思是"信用"。

各企业股东加入托拉斯企业结合体后,便将所拥有的股份交给"受托委员会"保管,并得到一份委员会发给的信托证书。受托委员会拥有股份,控制加入企业的支配权,将信托所得的收入分配给信托人——股东,其实就是一种垄断方式。

洛克菲勒对这种天衣无缝的垄断形式大加赞赏,他兴奋地对各位负责人说:"这样,各公司就能在不违背法律的情况下,实现统一步调,而且能让合并的工厂合法地受制于标准石油公司。"

1882年1月2日,标准石油公司召开股东大会,会上宣布成立托拉斯。受托委员会利用折扣大联盟和强迫收买等形式,吸收了72家炼油企业股份,其中有9名委员会成员。这9名委员会成员包括洛克菲勒、威廉、弗拉格勒、亚吉波多等。

于是,以洛克菲勒为首的成员控制了委员会,不仅拥有企业结合体,还代管股份。信托证书发行了70万张,但是他们4人却占了46万多张,约占总数的2/3。可见,托拉斯比流产的改造南方公司的企业统一联合体更为进步。

受托委员会可以决定各公司董事的人选,向第一线的主管人员提出行动的建议。它还可以购买其他公司的股票,可以增设或废除炼油厂。它犹如中央集权制,统管着下级部门。

执行委员会下面还设立许多专门的委员会,比如生产制造、采购、国内贸易、国际贸易、运输、输油管道管理等。这些委员会里有一批专家,专门研究各企业出现的本专业问题,然后给予指导。

这样,标准石油公司成了一个自给自足的大家庭,他们有自己的制造工业用酸、桶板、油桶、灯芯和油泵的工厂,而洛克菲勒就是这个大家庭最有权威的家长。

有人曾担心:这种垄断形式是不是容易堕落成没有活力的庞然大物呢?

洛克菲勒很有信心地对人们说:"绝对不会,因为我们没有剥夺各个公司的自主权,委员会只是提供总体的政策指导,通过交流经营业绩数字,刺激各下属公司为自身的利益做出最佳表现,鼓励他们在竞争中努力。"

于是托拉斯很快就影响到南方，出现了棉花托拉斯、畜牧托拉斯、威士忌托拉斯。另外，36家制糖公司也成立了托拉斯。各行业的托拉斯占了美国企业的90%。它们如雨后春笋般，焕发出无限生机。

标准石油公司井然有序而和谐地运转着，创造着惊人的业绩：他们关闭了30多家收购的设备陈旧的炼油厂，只有克利夫兰、费城和贝永的三家巨型炼油厂，用当时最新的技术，生产着占世界总产量1/4的煤油。他们拥有10万员工，每天向欧洲出售50000桶油。

洛克菲勒很看重国外市场的开拓，他还把扩张的目标指向拉丁美洲和亚洲，轻而易举地占领了庞大的中国市场：他们赠送数百万盏廉价的油灯，还把煤油装在白铁皮罐子里销售，百姓们用过煤油之后，用废罐子作为容器，或是敲平了作为屋顶，这无疑增加了标准石油公司的煤油的魅力。

不久，在俄国里海岸边的巴库，突然出现了奇异的景观：上百尺高的黑黑的油柱冲天而起，日夜喷涌不停。俄国发现了大油田，他们要把美国石油赶出俄国和欧洲市场。

瑞典人诺贝尔兄弟首先入侵到这块领地。三兄弟中最小的诺贝尔，就是发明黄色炸药，后来设立诺贝尔奖的那位杰出人物，携带大量资金来到俄罗斯，原来想买核桃木，却被巴库的黑金所吸引，投资开采巴库油田，每天开采出100万加仑的原油；他还和俄国皇室、法国银行家联手，建立巨型炼油厂，把煤油销往彼得堡和瑞典等国。

这时又冒出一个英国人萨络，用他的耐热油轮运输石油，采取批卖方式和洛克菲勒争夺市场，一心要把洛克菲勒的蓝色油桶葬身海底。

后来，一个叫达提尔古的荷兰人，又把在苏门答腊新发现油田的石油，源源不断地运往世界各地。

面对这三个巨头的挑战，标准石油公司开始在许多国家建立分支机构。他们和三巨头谈判斗智，讨价还价，划分市场份额。虽然失去了独霸欧洲的优势，也还是占着举足轻重的地位，仅在欧洲，就占据60%的市场份额。

标准石油已经渗透到世界上最遥远的角落。它成了世界上最大最富有的商业组织，即使在经济衰退时，也能生意兴隆。

标准石油托拉斯是美国历史上第一个托拉斯。它的出现在美国工业史上宛如一声惊雷，在它身后，众多行业的托拉斯相继冒出了地平线；在英国和德国，也有人效仿洛克菲勒所创立的这种集中控制模式。

洛克菲勒在老年时回忆这个过程时说：

> 当时我只觉得散乱的小厂商互相的杀价竞争是一种浪费。我现在才觉悟，知道我们当时是处于时代的转折点，个别竞争的做生意方法已渐渐被淘汰，取而代之的应该是联营制度。
>
> 我们公司首当其冲地建立托拉斯，实在是一件革命性的举动，使世界从此改变管理与经营的方法，阻止了盲目的竞争，统一了混乱的市场。

1890年5月的一天下午，俄亥俄州最高检察厅厅长大卫·华特森在书店买了一本《托拉斯——新近的企业联合》的书。他拿回去阅读后，发现该书不但彻底揭露了标准石油托拉斯的所有情况，而且指出有来自别州的人成了受托委员会委员。他认为这种托拉斯是无效的。

　　当时，制糖托拉斯的诉讼案件正在纽约州最高法院进行。于是大卫·华特森决定检举标准石油公司有违反垄断禁止法的做法。恰巧这时，《夏曼垄断禁止法》被华盛顿联邦会议通过了。该法禁止合同资金及外国合资等所有的跨州联合。

　　洛克菲勒也毫不示弱，先后请出了全美律师协会分会长都德和高中好友马克·哈那，对大卫·华特森的检举进行反击。

　　然而，这些努力都无济于事，最后俄亥俄州最高法院颁布了下令解散受托委员会的法令。

　　法令一下，亚吉波多马上乘火车赶到纽约，将败诉的消息告诉了洛克菲勒。洛克菲勒无奈地叹了口气，然后作了一个决定："我们把总公司搬到新泽西！"

发明新的脱硫法

在俄亥俄州最高法院颁布解散法令的第二天，洛克菲勒增加100万美元，在新泽西州设立炼油厂。

他决定将总公司搬迁到新泽西。因为新泽西不仅崇尚独立原则，对垄断的限制没有纽约严格，而且新泽西的地理位置对出口欧洲、亚洲非常有利。

此时，标准石油已经拥有1000万美元资金了，新泽西标准石油公司正好可以凭借雄厚的资本重整旗鼓。虽然公司还是受到垄断法的种种限制，但是他们很快修正条款，经营范围扩大到了矿业、制造业、贸易及商业。

而纽约标准公司几经更名，最后定名为美孚。洛克菲勒为了使企业活动范围更广，他把公司资产扩大到1.1亿美元。这时，标准石油成为石油集团企业的地位已经稳固了。

1885年5月1日，纽约标准石油公司搬到纽约百老汇26号。

从办公室望出去，可看到亚历山大·汉弥尔顿的住宅，这是一座上有自由女神的 10 层楼建筑。办公室里没有喧闹和忙碌，一切都在有条不紊地进行着。最特别的是每间办公室的门上都装有保密暗锁。

成功后的洛克菲勒依然过着简朴的生活。他喜欢待在家里，也喜欢下班后驾着马车飞快地穿过中央公园。在冬天的日子里，他经常在漆皮靴上绑着冰刀，在自家庭院的冰场上滑来滑去。

尽管洛克菲勒生活简朴，但是衣着却十分讲究，纤尘不染。他戴着手套，头上戴一顶丝质礼帽，每天早晨都有一位理发师给他修面，然后花上 0.05 美元，在第六大道乘高架火车到市中心上班。

洛克菲勒总是竭力为他的公司营造一种团结和谐的气氛。员工们都关注自己的工作，避免不必要的感情纠葛。他自己也有意避谈友情，对同事既不过分亲密，也不会粗暴无理。没人见过他发脾气，或者提高嗓门说污言秽语。

在员工面前，洛克菲勒表现得举止得体、平易近人，即使听到怨言也不会发怒。碰到员工时，常轻声细语地问："怎么样？最近身体好吗？"

他让每位员工每年都有一次机会见到执行委员，为自己争取加薪。

有一次，罗杰斯对一位要求加薪有些饶舌的员工说："先生，我已经听够了，你没有理由要求加薪。"

罗杰斯很不耐烦。那位员工无助地望着洛克菲勒，洛克菲勒却面带微笑地说："我们还是再给他一次机会吧！"

他鼓励员工们对公司提批评提建议，但是对于阿谀奉承却深恶痛绝。

洛克菲勒在财务部摆了一台健身器，他常在这里活动身体。有一天上午他来这里健身，一名新来的年轻会计不认识他，抱怨说："这台健身器放在这里真不是地方，早该把它拉走。"

洛克菲勒心平气和地找到管事的人，让人把健身器挪到一个新地方。他刚离开财务部，一位老员工悄悄地对年轻会计说："你知道他是谁吗？他是洛克菲勒先生。"

年轻会计吓得张大了嘴巴，整整一天都坐立不安，似乎等待着处罚。可是一天下来并没有受到洛克菲勒的批评。第二天，第三天，也是如此。这位会计悬着的心才终于放下来，感慨地说："他真是一位没有架子的老板。"

长期以来，洛克菲勒囤积奇货异宝似的，囤积了大批能人，他们智商超群，精明能干，其中不乏过去的劲敌，现在都在同一旗帜下勤奋地工作。

有一次，执行委员的巨头们正在讨论一项新的投资计划。有一位巨头持反对意见，一直坚持他自己的看法。这时能言善辩的亚吉波多，以演说家的架势不断摆出新的证据。对于对方的提问，一个个都回答得滴水不漏，结果那位巨头被驳得无话可说。

可是洛克菲勒坐在一个沙发上，一言不发。忽然他轻声地对大家说："我有点累了，先休息一下。不过大家可以继续讨论下去，直至你们做出决定为止。"

洛克菲勒闭上眼睛，可是他的耳朵却把大家的话都收集起来了。会议讨论得差不多了，他站起来；彬彬有礼地说："再见，先生们。"然后迈着有节奏的步伐，轻轻地走出了会议室。

第二天，巨头们又聚集在一起。这时洛克菲勒才用平静的语调发表意见。巨头们猛然发现，作为执委会主席的洛克菲勒，他把大家的意见领悟得那样深刻，最后才把自己的意见娓娓道来。

洛克菲勒说："我的一般规则是，在全体人员确信是英明的办法之前，不采取重要的行动。在我们前进之前，我们总要弄清我们是对的，还计划好应付各种意外情况。"

洛克菲勒平常沉默寡言，而且到了一种让人望而生畏的境界，也因此产生了一种不言自威的效果，让员工们对他肃然起敬。尤其是谈判的时候，他恰到好处的沉默常让对手不知所措，猜不透他葫芦里卖的什么药。

洛克菲勒竭力把自己融入大员们中间，每天都和高层领导们共进午餐。但奇怪的是他从不坐在首席，坐在首席位置的是查尔斯·普拉特，因为他年事最高。

餐桌上摆放着的大多是普通的菜肴，不过总有一两样是大员们喜欢吃的菜。他们边吃边议论，主要是讨论工作。素有演说家称号的亚吉波多是餐桌上说话最多的人；而洛克菲勒是说话最少的，他只是偶尔插几句话。

尽管标准石油公司在炼油、运输和销售等方面无所不能，可是直至19世纪80年代初，它还只拥有四处石油生产基地。鉴于宾夕法尼亚的油田业已枯竭，洛克菲勒担心可能不得不转而使用俄罗斯原油，这将削弱甚至彻底打垮标准石油公司。于是洛克菲勒1884年就开始催促手下建立原油储备。

1885年5月，在俄亥俄州西北部，一支正在寻找天然气的勘探队有了意外的发现，他们发现了一处大油田——莱玛油田，喷出的油柱高达几十米，产量惊人。至年末，这儿四周一下冒出了250多个石油井架，并且一直延伸至印第安纳州。

但是，美中不足的是，原油所含的化学成分中存在着一些难以对付的问题，燃烧时会在灯上形成一层薄膜。更麻烦的是，它的硫化物含量太高，会腐蚀机器，并且散发出一种难闻的气味。

亚吉波多说："如果莱玛石油能提炼出像样的石油，我宁愿把它全都喝掉。"

可洛克菲勒仍对俄亥俄—印第安纳的油田充满信心。他凭着一种不同寻常的灵感和对未来的预见性，在董事会上提出了要买下这片油田。

洛克菲勒用坚定不移的口气说："有这么多的石油却弃之不用，简直让人难以置信！"

以查尔斯·普拉特为首的保守派们却固执地反对洛克菲勒的意见。普拉特长得瘦瘦的，留着山羊胡子，他精于管理，却一向谨小慎微。

每次会议上，洛克菲勒只要表示要签订俄亥俄州的土地租约，普拉特一派就举手反对。因为保守派们的反对，董事会不得不一次次开会讨论。

有一次，普拉特还为此大发其火，把头向后一扬，大声说："不行！"

无可奈何的洛克菲勒只好说："我要用自己的钱搞这项投资，并且承担任何风险。两年之后，如果成功了，公司可以把钱还给我；如果失败了，我个人承担损失。"

也许是被执着的洛克菲勒打动了，普拉特最后还是同意了："既然你一定要这样做，我们还是一起干好。"

但是洛克菲勒却拒绝了普拉特的好意："我想，我还是敢承担风险的。"

于是标准石油公司花了数百万美元买下莱玛油田，丹尼尔·奥戴急不可耐地立即铺设了油管。至1888年，公司库存的莱玛石油达到44万桶以上。

洛克菲勒到处寻找这种难闻石油的新用途。他派出一批批推销员和技术人员去动员铁路公司用石油代替煤炭作为机车燃料，劝说旅馆、工厂和仓库用石油作为燃料替换煤炉，但这些生意并未做大。

1886年7月，为了解决质量问题，洛克菲勒聘请了一位著名的化学家赫尔曼·弗拉希。交给的任务是：去掉莱玛原油中的异味，把它变成可以上市销售的商品。

弗拉希是个荷兰籍的科学怪人。他身材矮小，脾气急躁，南北战争之后移民美国。他曾在加拿大的一家工厂为清除安大略酸性石油中的硫申请过专利。

洛克菲勒用信任的目光盯着弗拉希："我相信你一定会取得成功。"

弗拉希开始了实验、研究。他经历了无数次失败，投入的大量资金却一次次告罄。

此时标准石油公司正面临着两难的选择：是相信弗拉希定能成功呢，还是冒着失去大笔财富的危险，等弗拉希做完实验再说？

亚吉波多幽默地说："看来我已经没有必要喝光提炼出来的莱玛石油了。"他为自己转让出一部分莱玛油田的股票而庆幸。

洛克菲勒却总是微笑着耸耸肩，让大家耐心等待。

弗拉希经常通宵达旦地待在实验室里工作。当他有时心焦的时候,洛克菲勒却安慰他,让他不要着急。工作有了一些眉目之后,洛克菲勒试探地问:"你现在有多大把握?"

"有50%吧!"弗拉希谨慎地回答。

洛克菲勒的目光里流露出信任和镇定:"你需要什么,尽管告诉我。"

1888年10月13日,弗拉希终于找到了新的清除硫黄的方法——用氧化铜来沉淀硫黄,这种方法被称为"弗拉希脱硫法"。洛克菲勒非常高兴,马上买下了专利,开始用这种方法提炼莱玛石油。

于是莱玛石油身价倍增,从每桶0.15美元猛涨到1美元。它的股票也迅速升值,短时间内上涨10倍。接着洛克菲勒在莱玛迅速开设了一家炼油厂,这座工厂规模宏伟,让克利夫兰和匹兹堡结束了炼油中心的地位。

1889年,在那里又诞生了印第安纳标准石油公司,在距芝加哥市17千米的地方建立起美国第一流的炼油厂。它日处理原油36000桶的能力让亚吉波多兴奋得浑身颤抖。他写信告诉洛克菲勒:"这简直让人难以置信。"

在19世纪90年代,洛克菲勒控制了莱玛大多数油田,迅速地投身于石油的勘探和开采,建立了产—炼—销一体化的石油企业的典范,在美国石油业取得了坚不可摧的统治地位。

弗拉希的专利拯救了洛克菲勒和标准石油公司,把他们的事业推上新的起点,为他们带来了惊人的巨额利润。

后来,洛克菲勒在每家炼油厂都设立了试验室,在百老汇26号的顶层也建立了一间。他稳步地应用科学技术来确保公司的发展,把标准石油公司转变成了现代化的工业组织。

涉足钢铁和金融业

19世纪90年代,洛克菲勒在垄断美国石油的同时,开始把势力渗入钢铁、煤炭、铁路等行业。起初,他只是进行一些小规模的投资。

19世纪90年代初期,以伐木和捕鱼为生的梅利兹兄弟,因为在山中伐木时探测出了梅萨比山脉有铁矿脉。于是梅利兹兄弟便用十分便宜的价钱买下了大片梅萨比的土地使用权,以备日后开采。

梅利兹兄弟先是游说铁路公司来铺路,遗憾的是被公司拒绝。后来他们只好自己筹款开路,建成了一条连接梅萨比和明尼苏达州东部的德卢斯市长达66千米的铁路。此外,他们还添置了许多设备,以致负债累累。

至1893年,时运不佳,经济大萧条的冲击使合伙人、贷款人纷纷退出,梅氏兄弟一下子焦头烂额、濒于破产。正在这时,由盖茨介绍,他们结识了财力雄厚的洛克菲勒。

洛克菲勒在盖茨的劝说下买了这条铁路,这无疑是一项非常明智的投资。因为卡耐基和奥立微的公司每年至少在这条线路上运40万吨的矿砂。铁路投资使洛克菲勒在梅萨比矿区有了立足点。此后,在梅利兹兄弟的进一步要求下,他们合建了"苏必利尔湖联合铁矿公司"。

梅氏兄弟在新公司内拥有大量股票,掌握着经营管理的实权。在投机欲的驱使下,他们立刻发行了大量股票。然而不幸的是,钢铁业受经济萧条的影响而行情暴跌,梅氏兄弟的公司自然也受到影响。

当梅氏兄弟再次陷入困境时,盖茨利用洛克菲勒的巨大财力买下了公司的部分股份,而梅氏兄弟又发动了一场声势浩大的诉讼,说洛克菲勒名下的矿区是负债的等。为了能在明尼苏达州继续做生意,洛克菲勒付出了52500美元使这场官司私下得到解决,这使得盖茨能够放手大胆地聚敛更多的矿产。

很快,洛克菲勒便买下了梅氏兄弟的全部股份,独立拥有了"苏必利尔湖铁矿公司"和梅萨比这个全美最大的铁矿。

虽然洛克菲勒有称雄钢铁业的潜力,但是钢铁业不但风险大,而且竞争激烈,年迈的他实在不愿意再卷入激烈的商业竞争中去了。于是他想出一条妙计,建议卡耐基与他合作,各管一方,互不竞争,卡耐基只管炼铁,而不管开采,他管开采矿藏及运输原料而不管炼铁。

卡耐基年事已高,不愿再新开战场,他同意了洛克菲勒的建议,于是在1896年双方达成一项协议,即由卡耐基公司租赁他的一些矿产,每吨矿砂租费为0.25美元,规定每年的开采数量不得少于60万吨,加上卡耐基公司从自己矿井中开采出来的数量大体相同的矿砂，运输总量达 120 万吨铁矿砂。这需要使用洛克菲勒所属的铁路以及盖茨已在大湖区兴建的庞大的矿砂运输船队。

这样，卡耐基公司可以保证获得高质量的矿砂，而洛克菲勒也有了固定的运输客户和一笔有保证的运输收入。

当时，美国的商界华尔街的金融业霸主，号称"华尔街主神"的摩根是一位神通无比的大人物。从 1898 年至 1900 年，摩根公司和其他银行家们组成了 20 多个钢铁公司，想方设法培植对抗卡耐基公司的力量。1901 年，有隐退之意的卡耐基默许了摩根的吞并企图。

于是摩根一夜之间便成了钢铁业的巨子，不过他马上又注意到了洛克菲勒手中的东西：丰富的铁矿、便捷的交通工具，再加上洛克菲勒在石油事业上丰厚的收入，这些使摩根决定合并洛氏的矿区和铁路，要不然会后患无穷。

谈判最初是通过中间人进行的，因为他们谁也不喜欢谁，他们有着完全不同的个性和生活方式。洛克菲勒第一次见到摩根，是在弟弟威廉的家里。一见面，就对摩根没有好感。

这次，摩根为了自己事业的前途，不得不来求见洛克菲勒。洛克菲勒先给了他一个软钉子，说是自己退休不管事了，不在办公室会客，要他到家中面谈，摩根只好跟着去了。这次会面很简单，洛克菲勒只是说这项投资由小洛克菲勒和盖茨负责，他一定要与他们商量。

这一商量又没有了下文，急坏了摩根。他赶快请私交深厚的罗吉斯来催促。罗吉斯就请了小洛克菲勒和他一起去摩根的办公室。当小洛克菲勒走进办公室时，摩根开始并没有注意到他，他正忙着处理信件和谈话。在罗吉斯作了礼貌的介绍后，摩根有些恼火地说："怎么样，你们出什么价钱？"

小洛克菲勒不慌不忙地回答说："摩根先生，我看一定是有一些误会。我并不是来出售的，是你急于要与我们合作。另外，据我所知，我父亲是不喜欢自己开价钱让别人来杀价的，应该在您看过我们的矿区之后，提出价钱，再让我父亲来决定。"

"噢，是这样。"摩根的声调听上去有些改变。

一阵沉默之后，小洛克菲勒提议说："假如您真有兴趣要买这些资产，找一位能在价格上为您出主意的人，岂不更好？"

最后双方商定，由亨利·弗利克充当提出出售价格的中间人。他是卡耐基的亲密同事。不久，摩根请律师拟了一个场外交易的价钱，出价7500万美元。

事后，洛克菲勒很严肃地对中间人弗利克说："我并不急着卖掉我的产业，可是也不会挡你朋友的财路，不把这个利益给他。只是你们开的这个场外价太不合理，在我听来就似乎是最后通牒似的，何况出价又偏低，我不愿意跟这种人做生意。"

500万美元的差价使谈判陷于僵局，所以摩根只好再次找小洛克菲勒和盖茨商量。1901年3月，摩根最终接受了洛克菲勒的售价：梅萨比矿区资产作价8500万美元，其中一半付新的"美国钢铁公司"的优先股票，一半付普通股票，另付现款850万美元买下运输系统。洛克菲勒家族一举成为这个全国最大的公司的主要股东，并且小约翰也进入了该公司的董事会。

同时，摩根还吸收其他钢铁公司进入，如规模仅次于卡耐基公司资产的联邦钢铁公司。最后，摩根财团以14亿美元的巨额债券换取了所有加入者的资产，造就出一个新的实体，世界最大的工业公司和历史上第一个超过10亿美元的公司——美国钢铁公司。但是，在取得这项成就之后，摩根开始走向衰落。

早在19世纪末，洛克菲勒就已经认识到金融业的重要性。他与威廉首先在纽约花旗银行进行投资，它是一家为原料进口商和美国棉花公司服务的银行。

1891年，在洛克菲勒兄弟的支持下，纽约花旗银行的大股东詹姆斯·斯蒂耳曼当上了该银行的总经理。从此，这家银行就成为标准系统的金融调度中心，洛克菲勒通过留在该银行的威廉，把他们的巨额利润投资于各个经济部门。

在国内，花旗银行是威廉及其伙伴所设立或收买的工业联合企业的金融中心。它只控制火灾和损伤保险公司的泛美集团及投资信托公司的基本投资集团，并不控制任何巨大的人寿保险公司。

花旗银行在国外的势力非常可观，在海地、中东及非洲，它都有众多的分行。据1955年统计，它的66个国外分行有雇员5382名，占该行雇员总数的41%。海外存款总额约7.25亿美元，超过了它在海外的劲敌大通曼哈顿银行存款额2/5。

在第一花旗银行所控制的资产中，约有洛克菲勒家族或摩根家族的1/5。它首先是作为标准集团的副手而闻名的；其次是当摩根集团在华尔街确定了领导权后，便以追随者的身份而兴起。

20世纪20年代，摩根家族和花旗银行的首脑查尔斯·密契尔关系密切，并从中得到莫大的利益。1933年，威廉的儿子佩西由于卷入克鲁格火柴舞弊案件中，被揭发后被迫退出该行。但是，佩西的儿子詹姆斯仅仅在一个月之后就被任命为该行的副总经理，1952

年升为总经理。

除詹姆斯之外，威廉和詹姆斯的其他后代也在一些重要的金融机构中居于领导地位。埃佛里既是杰·亨利·施罗德银行和施罗德信托公司的董事，又是该公司的附属公司施罗德—洛克菲勒公司的合伙人和美国方面的股东。这些施罗德系统的公司是一个英德银行集团的一部分。

另外，埃佛里·小洛克菲勒是一家大投资银行的合伙人，威廉的两个孙子是另一个实力雄厚的公司克拉克—道奇公司的合伙人。

20世纪20年代，洛克菲勒石油事业的进一步发展，要求有更强大的金融支柱。这时，洛克菲勒已退居幕后，由小洛克菲勒致力于金融业的发展。他们建立起自己的银行，即公平信托公司，试图取代花旗银行，因为在花旗银行中，他们还得考虑其他财团的意见。

公平信托公司原来是公平人寿保险公司的子公司，因为1911年《改革法》的实施，该公司被迫出售这些股份。小洛克菲勒在说服父亲之后，买进了这家公司的控制股份。

洛克菲勒和亨利·福特一样厌恶银行家们和他们的机构，那时证券交易方面的圈套司空见惯，所以他不愿意把自己的钱限死在银行里。但小洛克菲勒却早在1911年就强烈要求父亲把一部分资金投入一些放款公司和信托公司。

后来，小洛克菲勒的一些朋友支持了他，他的岳父纳尔逊·奥尔德里奇那时是国会中金融集团的代言人，代表着1913年建立联邦储备制度的立法推动力量，在管理全国货币方面确立了银行家与政府之间的合作关系。总之，联邦储备制度弥补了许多曾使美国独立以来深受其害的货币制度上的缺陷。

公平信托公司买进后，凭借洛克菲勒庞大的财产迅速扩张，至1920年，它已拥有2.54亿美元的存款，成为全国第八大银行。至1929年，通过一系列诡计多端的合并，它吞并了14家较小的银行和信托公司，实力大增。

它不但成为全美实力最强大的银行之一，并且在国外也开设了许多分行，成为洛克菲勒家族在金融业的一支重要力量。

1929年12月，公平信托公司的总经理切利斯·奥斯汀突然去世，小洛克菲勒为公司的前途担忧，他和心腹顾问托马斯·德比伏伊斯商量之后，决定拜访温思罗普·奥尔德里奇，即小洛克菲勒的妻舅，请他出任该公司的总经理。

温思罗普·奥尔德里奇在20世纪20年代就是洛克菲勒家族的首席法律顾问，他接受了小洛克菲勒的邀请，担任了新的领导职务。不久，奥尔德里奇开始考虑合并的问题，因为要在困难重重的经济环境中保持地位，只有与较大的机构合并才能有效地达到目的。小洛克菲勒和他的同事把目光盯在了大通国民银行身上。

大通国民银行是华尔街的头面人物约翰·汤普逊于1877年成立的，进入20世纪以后飞速发展，在1900年至1930年的30年中，其中20个年头都有兼并活动，客户网络极为广泛。

这个时期它的杰出领导者是艾伯特·威金。威金为该银行的发展做出了重大贡献，也为自己赢得了全国最大的银行家之一的声誉。他组成了一个杰出的董事会，其成员有伯利恒钢铁公司的查尔斯·施瓦布、通用汽车公司的艾尔弗雷德·斯隆、库恩—洛布公司的奥托·卡恩等著名人物。

威金本人除担任大通国民银行的董事长外,还兼任50家其他公司的董事,而每家公司必须在大通银行存款,则是他兼任各公司董事的一个条件。

在国内,大通和它的竞争对手花旗银行一样,也走"美元外交"的道路,使大通银行在拉丁美洲的国家,特别是在古巴,形成了一股巨大的势力。

为了争夺大通国民银行,20世纪20年代,洛克菲勒和摩根展开了激烈的斗争,最后,洛克菲勒取得了这家银行的控制权。1930年,小洛克菲勒等向大通国民银行提出了合并的建议。大通国民银行同意了。合并后的银行,仍以大通银行命名。

新机构的高级职员和董事选举威金为董事长,奥尔德里奇为总经理,洛克菲勒家族取得了一项重要的领导权。那时大通国民银行拥有资产35亿美元,是美国最大的商业银行。20世纪50年代,它吞并了曼哈顿银行之后,仍然是华尔街最大的银行。其实权也一直牢牢地掌握在洛克菲勒家族的第二代、第三代手中。

当威金退休时,温思罗普·奥尔德里奇已成为大通银行的代言人。1933年,他曾几次前往华盛顿,公开表明自己支持银行改革的态度,并与罗斯福总统处理危机的精神结合起来。银行界把奥尔德里奇看成是一个叛徒,而洛克菲勒家族却支持他,他们看到必须改革,才能挽救银行制度的艰难处境。

奥尔德里奇的主张是:投资业务同商业银行业务分开,即长期放款和短期放款分开;禁止商业银行出售证券,不准投资银行接受存款,并且禁止投资银行与商业银行间兼任董事。这就是1933年6月颁布的《格拉斯—斯特高尔银行法》的主要内容。

当时的华尔街上流传着这样一个说法，说奥尔德里奇是为了洛克菲家族能打破摩根家族对全国金融业的控制在效劳。

1933年，法律顾问费迪南德·佩科拉和参议院所属的银行和货币委员会开始着手对金融业的调查，威金在这次调查中成了牺牲品。威金在繁荣的黄金时代曾大规模进行市场投机，他通常利用大通股票进行投机活动，所需款项又多向大通证券公司挪借，而他自己又兼任这家公司的总经理。

他的许多同事并不认为威金的这种活动有什么不合法，但这种活动在调查中受到严格审查。

当国会的听证会结束时，威金已经满面沮丧，名誉受到玷污，而在大通银行，他往日的威信也不复存在了。此后，继任的大通国民银行董事长查尔斯麦凯恩又出席作证，并供认他个人也从大通银行的贷款中得到许多好处。

不久，罗斯福总统在白宫单独接见奥尔德里奇时说："这样的人不能再继续管理银行了。"

很快麦凯恩便突然离职，其中的奥秘似乎也不难理解。接着，温思罗普·奥尔德里奇就顺理成章地接任了大通国民银行的董事长一职。

这样，洛克菲勒家族一举控制了这家当时世界上最大的银行，完成了它控制金融业的企图。其后，奥尔德里奇作为大通银行的董事长为洛克菲勒家族管理金融事务达20年之久。

这期间通过大通国民银行，洛克菲勒家族还取得了对都会和公平这两家人寿保险公司的控制权。人寿保险公司在华尔街的金融控制链中是重要的一环，由于大多数人都购买人寿保险，所以保险公司积累了巨额的资金，这些资金在投资后又产生了几十亿美元的利息。它在为美国各大财团攫取更多的利润方面起着非常重要的作用。

20世纪30年代，洛克菲勒掌握了大通国民银行之后，进而控制了大通所属的投资银行——大通证券公司。投资银行的业务是筹集工业的基本资金，与商业银行供给的中、短期资金不一样。投资银行把许多人的钱变为大量集结的生产工业资本。它们在组织新公司、安排合并以及工厂决定性的扩建方面起着主要作用。

很快，这家投资银行吞并了另一家华尔街老牌的投资银行——哈里斯·福布斯公司，改名为大通—哈里斯·福布斯公司。由于1933年银行法的颁布，不允许商业银行拥有证券公司，波士顿第一国民银行所属的投资银行——第一波士顿公司在竞争中失败，通过与大通银行兼任董事关系，被并入大通—哈里斯·福布斯公司。

1934年，一家独立的投资银行，即第一波士顿公司正式成立，实权握在洛克菲勒家族手中，至20世纪50年代开始进入美国最大的投资银行之列。它为洛克菲勒家族向国民经济各部门的渗透起到了重要的作用。

在取得了大通国民银行、都会、公平人寿保险公司和第一波士顿公司的控制权之后，洛克菲勒家族在金融界的实力迅速增长，一步一步取得了与金融界霸主摩根家族抗衡的力量。

另外，洛克菲勒还以多种方式进行资本经营。

有一天，洛克菲勒在郊外看上了一块地皮。他找到这块地皮的主人，说他愿花10万美元买这块地皮。地皮的主人拿到10万美元后，心里还在嘲笑他："这样偏僻的地段，只有傻子才会出那么高的价钱！"令人想不到的是，一年后，市政府宣布在郊外建环城公路。

不久，洛克菲勒的地皮升值了150倍，城里的一位富豪找到他，愿意用200万美元购买他的地皮，富豪想在这里建造别墅群，但是，洛克菲勒没有出卖他的地皮，他笑着告诉富豪："我还想等，因为我觉得这块地皮应该增值得更多。"

果然不出洛克菲勒所料，3年后，那块地皮卖了2500万美元。他的同行们很想知道当初他是如何获得那些信息的，他们甚至怀疑他和政府官员有来往。但结果令他们很失望，洛克菲勒没有一位在市政府任职的朋友。

适时改变经营策略

1892年,当一种新设计的油船转载着俄国巴库油田的石油安全通过苏伊士运河,开往新加坡和曼谷的时候,就意味着洛克菲勒石油垄断集团在世界上遇到了挑战。

这艘名叫"姆雷克斯号"的油船,和这家公司以后的所有船只一样,都以贝壳取名。这项油船运输的大胆发起人就是壳牌石油公司的创始人马库斯·塞缪尔,而壳牌石油公司的成立和发展,始终伴随着与洛克菲勒的残酷竞争。

塞缪尔比洛克菲勒更富有国际背景。他是一个犹太人,四海为家。当洛克菲勒在克利夫兰建立了标准石油公司时,塞缪尔还是一个内向、羞怯的少年。

塞缪尔和父亲在伦敦的泰晤士河边的码头上,经营着一家饰品店。后来他们有了一笔积蓄,老塞缪尔便想与远东的中国及泰国做生意。他先派儿子去亚洲考察,儿子山姆回来汇报说,日本经济很有潜力。

塞缪尔1878年在日本横滨设立公司。很快，伦敦—横滨之间的运输公司也由塞缪尔兄弟创办成立。他们把机器从伦敦运到日本，又利用回程将贝壳、珍珠、涂料运往英国。

他们的生意越做越大，当发展到香港、曼谷、新加坡时，他们开始把英国的煤贩卖到亚洲各地。又通过一个叫雷恩的犹太商人，塞缪尔开始与罗斯查尔有了密切的接触。塞缪尔开始把注意力从煤转向新的燃料石油。

此时，巴库油田的石油已经由诺贝尔兄弟和罗斯查尔银行合作向欧洲销售，这就侵犯了洛克菲勒在欧洲的垄断势力，几经较量，双方达成了暂时的谅解，把欧洲市场瓜分了。

可是在亚洲，洛克菲勒决心要维持他的垄断，绝不失去这一潜力巨大的市场。当时，标准石油在亚洲的市场比不上欧洲，可是在塞缪尔贩卖巴库的石油之前，标准石油还是一统亚洲的天下。

在塞缪尔参观了巴库石油之后，脑海中逐渐形成了一个大胆的想法：要战胜洛克菲勒，一定要有自己特殊的手法，标准公司的石油是用桶装或罐装的方式运输的，巴库石油假如仍用这种办法，恐怕难以超过标准石油，只有建造油轮或采取批卖的方式方为上策。

雷恩表示反对，因为苏伊士运河是否允许满载灯油的船只通过，这还是一个重要的问题。

苏伊士运河是油轮从欧洲开往亚洲的必经之道，塞缪尔觉得雷恩的担心有道理。于是，他拜访造船专家，研究耐热油轮，在远东的各个销售中心建造储油池的同时，订购新设计的耐热油轮。

当塞缪尔的新船队即将出现时，标准石油公司在伦敦掀起了一阵激烈反对油船队通过苏伊士运河的浪潮，企图阻止英国对亚洲石油市场的入侵。但是，塞缪尔当时已经是市参议员，有一定的地位，经过他和一些伙伴们的努力，终于赢得了政府的支持。

1892年，第一艘石油油轮"姆雷克斯号"驶出了瀚德普尔的造船码头，经地中海进入黑海，到达巴统，装载大批石油向西航行，从达达尼尔海峡、地中海到达苏伊士运河。

"姆雷克斯号"通过运河后，"康奇号"、"克拉姆号"等油船也接踵而至。至1893年年末，他们把俄国石油定期运往东方的储油池。这一挑战使标准石油公司大为惊讶。

标准石油公司不肯轻易割让亚洲市场，随后，他们便对暴发户壳牌石油发动了一连串的反击，试图重新维持全球的垄断和"完美秩序"

它使全世界的石油价格进一步下跌，从而迫使一些小商人停产、破产。塞缪尔和他的日益强大的油船队，因为有俄国的石油供应，又有遍布亚洲各地的销售网没有垮掉。

1897年，塞缪尔成立了壳牌运输贸易公司，自己拥有1/3的股份，他和他的家族一起有效地控制着这家公司。此时，俄国因为西伯利亚大铁路的破土动工，需要大量石油，所以改变了以往对外国资本的保护战略，塞缪尔不得不开始寻找新的石油来源了。

当他得知荷兰属地婆罗洲产石油后，就派遣外甥麦克前去，决心要控制上游的生产，以保证充足的原油供应。

接到舅父的密令，麦克很快就坐船赶赴印尼。也许是寻油心切，加上麦克不够老练，他没有经过仔细的调查研究，就冒冒失失地以2500英镑的价格买下了婆罗洲巴厘巴板的采矿权。

这次，他失算了。

东婆罗洲倒是有石油，可这里的石油都超重，比重过大，即使精炼后也无法变成灯油。只有少量的原油蒸发成清油后，混在巴库进口的灯油中才能出售。这时，因为布尔战争和中国清朝义和团运动的爆发，中国的灯油市场被封锁了，这正好救了壳牌石油的命。

塞缪尔及时改变策略，竭力生产柴油机重油，而这正是南非布尔战争所需要的。他还向伦敦海军军方建议，用柴油引擎代替落后的煤炭。这样，塞缪尔发了一笔战争横财，他的地位大大巩固了。

"纺锤顶"油井在1901年出油的消息传到伦敦时，塞缪尔又想出了一个妙计，他随即与海湾石油公司的创始人葛菲谈判，并签订了合同，规定以固定的价格每年购买10万吨石油，为期21年，这个数字，相当于海湾石油总产量的一半。

不久，壳牌油船队就把德克萨斯的石油运到了欧洲，在标准石油的根据地的德国建立了一家公司。

日益强大的壳牌石油使标准石油十分愤怒，洛克菲勒派出了能干的亚吉波多去进行收买工作。可亚吉波多失败了，他有些不平，想当初，他为标准石油公司收买了多少家公司？而他自己也是被收买过来的，可眼前这个对手实在是太难以对付了。

标准石油公司还有另一个难对付的对手，那就是荷兰皇家石油。尽管这家石油公司规模比壳牌石油公司小，但是它拥有东印度的宝贵石油资源，利用这一有利条件，再加上它杰出的领导者德特丁，荷兰皇家石油不久发展成能与标准石油和壳牌对抗的一股力量，形成三足鼎立的局面。

德特丁原是荷兰皇家石油公司的一名杰出的记账员，是一位船长的儿子。他了解石油知识，是一个会计天才。他工作效率极高，而且冷酷无情、专心致志。年仅29岁时，已主管了公司整个远东地区的石油推销工作。至20世纪初时，他已成为了这个公司的年轻有为的领导者。

亚吉波多试图收买壳牌石油的同时，德特丁的手也想伸进壳牌石油。当时，塞缪尔已经被封为第一个石油爵士，并被选为伦敦市的市长，达到了他一生中的顶峰时期，其显赫与豪华都无与伦比。

这一次，壳牌石油和荷兰皇家石油形成了暂时的联盟，不过，他们各自都有自己的想法：塞缪尔想的是自己可以在这个联合中当主持人，而德特丁想借助壳牌的力量赶走标准石油的蓝桶。

当塞缪尔担任市长期满，重新回到他的石油老本行时，他的壳牌石油便开始走下坡路了。正如报纸上所说的那样，只剩下一个"空壳"了。

在1903年的世界石油贸易衰退中，标准石油继续削价，最终迫使壳牌的油船停运。而壳牌公司在德国的分公司，则因为它的德国伙伴德意志银行的捣鬼，被撑出了德国。

最后，塞缪尔被迫按屈辱的条件与德特丁的荷兰皇家全面合并。至此，荷兰和英国两家石油公司的斗争宣告结束，而这个新公司与标准石油的斗争还将继续进行下去。

经过产业革命，美国的贫富悬殊越来越大，有1/5的波士顿市民居住在臭气熏天的贫民窟里。在这种背景下，对洛克菲勒的抨击越发严厉了。许多揭露标准石油公司托拉斯垄断的真相的书籍，被那些因企业破产而失业的贫民抢购一空。

此时，俄亥俄州最高法院正在受理9起违反垄断禁止法案的起诉案件。于是纽约总检察官查理士·波拿贝鲁特向纽约最高法院告发，声称标准石油公司有 21 件违反垄断禁止法案的行为。

1896 年，劳哈的畅销书对洛克菲勒造成了很大的冲击，使他健康出现了问题。医生认定他患了神经性胃黏膜炎，并引发了脱毛症。因此洛克菲勒不得不在第五号街住所里发号施令，而临阵指挥总公司的是亚吉波多。

1897 年，洛克菲勒因健康恶化而退休，仍保留公司总裁头衔。

尽管如此，洛克菲勒一边指示亚吉波多购买罗斯查尔男爵在欧洲巴库的石油公司股权，一边创立了英美公司以谋求对伦敦市场的进一步垄断；后来为了拥有德国市场，又创立了德美公司。

然而，不如意的事情还是接二连三地发生了……

1906 年 12 月 18 日，联邦政府依据《夏曼反托拉斯法》，在密苏里州起诉，要求解散公司，被告中有新泽西州石油公司和它下属的 37 家分公司，还有公司的重要大员。

1907 年夏，有 7 个联邦和 6 个州的案子提交法院，控告标准石油公司制定垄断价格，收取铁路回扣，刺探对手机密。芝加哥法庭的头号人物兰迪斯法官最积极，他派人传唤标准石油公司的几个头目出庭。

现在的洛克菲勒已经 68 岁了，接连不断的官司带给他许多烦恼，他再次要求去掉总裁的虚衔，又被阿奇博尔德拒绝。他不得不为他做过的、没做过的事情承担责任。

1907 年秋季，经济恐慌再一次袭击了华尔街。储户提光了银行的存款，银根开始紧缩。连金融大王摩根都在哀叹，他的银行已经丧失了偿还能力，只能坐以待毙。

洛克菲勒在给美联社总经理斯通打电话时说："请引用我的话

告诉公众：国家信用良好，如有必要，我拿出一半财产来帮助美国维持信用。"第二天见诸报端，果然起了镇静剂作用。在接下来的日子里，指挥救助行动的摩根，从花旗银行里拿到 300 万美元的救急基金，而这些钱都出自洛克菲勒在该银行的存款。

"他们有了麻烦总是要找约翰大叔。"洛克菲勒颇为自得地说。洛克菲勒的公众形象在这场危机中得到极大的改善，他成了公众眼中的忧国忧民之士。

但是，这一切并没能阻止政府对标准石油公司的诉讼如期进行。

1908 年，美国举行了总统大选。哈特斯在俄亥俄克伦巴斯演讲时，先是公开了一封亚吉波多写给共和党参议员赫雷卡的信件，在信中，亚吉波多提到用金钱贿赂赫雷卡。随后，哈斯特又把接受标准石油公司贿赂的共和、民主两党参议员的所有黑名单曝光。

亚吉波多雇用了一个黑人管事的养子，他是个赌马狂，瞒着父亲欠了地下钱庄一笔款子。一天晚上，他在打扫亚吉波多办公室时，发现了柜里的信件和电报，于是顿生邪念。他打算托人将亚吉波多的秘密文件卖给新闻社。但是普利策新闻社的总编辑被这些文件惊呆了，拒绝购买。

后来，这些秘密文件被转到了哈特斯新闻社的手中，哈特斯预付了一笔钱给这帮偷窃者后，又同他们签订了协议，在 4 年内不断购买他们偷来的文件。

1911 年 5 月 15 日，美国联邦最高法院终于对洛克菲勒和他的公司进行了"最后裁决"。裁决书含糊其词地说：

7个人和一个法人机构曾秘密策划旨在反对自己人民的勾当。为维护美利坚合众国的安全,本法院命令,应于11月15日以前停止这种危险的阴谋和勾当。

美国联邦最高法院宣判标准石油公司违反垄断禁止法规,通知公司一定要解体,而俄亥俄州的判决也得到了最高法院的承认。

标准石油公司最后被分解成38家独立企业,洛克菲勒卸去了石油公司的职务,威廉也辞去了公司的职务。这是美国20年来垄断与反垄断、企业与政府之间一场激烈的战争。

虽然大集团分成了38家公司,但是这38家公司总数达98万股的股权中,有25万股在洛克菲勒手中,威廉和亚吉波多也掌握了总股权的50%以上。

1912年1月,华尔街的变动令人费解。新泽西标准石油的股票从360点涨至595点,纽约标准石油股价也从26点涨至580点,洛克菲勒其他所属的股价也大幅度上涨。洛克菲勒的个人财产由1901年的2亿美元增至1913年的9亿美元,长了近5倍。

当人们沉浸在欢呼和庆贺联邦法院粉碎了美孚石油托拉斯的时候,在短短5个月内,美孚石油公司的股票又增值了两亿美元。这就是洛克菲勒的发家的重要秘诀之一。

托拉斯从出现的那天起,就遭到人们激烈的抨击。虽然人们曾经对洛克菲勒的所作所为有过很大的争议,甚至有人骂他是"大蟒蛇"、"魔鬼",但是经济学家和历史学家还是一致赞扬他在建立现代公司制度方面的重要贡献。

我们不得不承认的是,洛克菲勒在美国工商界的地位是独一无二的。因为在一个推崇发明家而忽视管理者的年代,他为当时和下一个世纪奠定了一种企业模式,建立了规模经济,这是一件多么不易的事情!

有这样一个故事可以说明洛克菲勒在当时美国社会的地位和知名度。

有一个老头,他有3个儿子,大儿子跟二儿子都在城里工作,他跟这个小儿子相依为命,在乡下生活。

这一天来了一个人对他说:"我能不能把您的小儿子带到城里去工作?"

老头说:"不行,绝对不行,你给我滚出去。"

这个人又说:"如果我在城里为您的儿子找了个对象,那么能带他走吗?"

老头还是说:"不行,你给我滚出去。"

这个人又说:"如果我给您找的这个对象,也就是您未来的儿媳妇是洛克菲勒的女儿,那您看行吗?"

老头想了想,能让儿子当上洛克菲勒的女婿这件事情打动了他,他同意了。

过了几天,这个人就找到了美国的首富、石油大亨洛克菲勒,对他说:"我想给您的女儿找一个对象行吗?"

洛克菲勒说:"不行,滚出去。"

这个人又说:"如果我给您找的这个女婿,是世界银行的副总裁,您看行吗?"

洛克菲勒答应了。

又过了几天,这个人找到了世界银行总裁,对他说:"您应该马上任命一个副总裁。"

这总裁笑了笑说:"不可能,我已经有这么多副总裁,为什么还要任命一个,而且必须是马上呢?"

这个人说:"如果我让您任命的这个人是洛克菲勒的女婿,那您看行吗?"

总裁答应了。所以,这个小伙子马上就变成了洛克菲勒的女婿加上世界银行副总裁。

慈善事业的开创者

被称为托拉斯工业的标准石油公司所提炼和销售的石油,1877年开始几乎占当时美国同类产品总量的90%,3年之后,所占份额已达95%。洛克菲勒不仅开创了石油帝国,也开创了美国的慈善事业。

19世纪90年代,洛克菲勒走到了他人生的十字路口。在已经度过的几十年中,他一直在拼命挣钱,积累了一大笔财富,这笔财富是以亿万来计算的。

然而由于一直以来忙于工作,洛克菲勒曾经健壮的身体终因操劳过度而变得糟糕起来。虽然他赚了很多钱,但是却受到了许多责骂。此时的他决定要确保他的子孙在社会上不像他那样被人痛恨,于是选择了慈善事业。

其实,洛克菲勒的慈善行动早在他年轻的时候就开始了。因为他笃信基督,早在儿时便受母亲的教导捐钱给教堂。当他领到第一份薪水的时候,他便向自己承诺:未来毕生都要捐出1/10的财产于慈善事业。

以后随着收入的增加，洛克菲勒的捐赠也越来越多，至1884年已达到11.9万美元。由他捐赠钱款建立的斯佩尔曼学院，早已成为颇有名气的黑人女子学校。

当洛克菲勒带着家人去欧洲旅行时，他们每到一地，当地主人都在报纸上对这位知名富豪表示欢迎，紧接着就是各种内容请求资助的信像雪片般飞来，以至回家的时候，不得不买一辆卡车把信件运到家里，再由全家人慢慢地看。

此时的洛克菲勒正被他的巨额家产压得透不过气来。他每年从标准石油公司的分红中得到300万美元；他还在16家铁路公司、6家房地产公司、6家钢铁公司、6家轮船公司和9家银行和钱庄拥有股份。即使他每天躺在床上或者打高尔夫球，美元也会源源不断地滚到他的脚下。

把赚钱当作最大乐趣的人，如今被如何花钱的问题困扰得坐立不安。他有一个神秘的信念：上帝给他钱是为了造福人类，并非归他个人享用。他厌恶和远离一切奢华。

他不愿像钢铁大王卡耐基那样，把钱花在为普通人建立娱乐设施上，他想做的是对各阶层的人都有好处、没有半点私利成分、毫无争议的善事。他要培养一种情趣，把钱花得达到可以产生持久满足的效果。

所以对于那些求助信，洛克菲勒从不轻易答应，他有自己的原则：

若捐给学校，他拒接捐助校舍的兴建及日常花销，而要把钱放在学校的基金上；他不喜欢任何学校或组织将所有的经费来源全放在他身上；当他发现受到捐赠的学校、机关和医院的钱未被好好利用，使他十分失望，便转而将钱投入有组织的社会团体；他每次都希望他的捐款是一种抛砖引玉的行为；除非受益人能证明该项捐款将用于正途及用得经济有效率，他是不会轻易允诺捐赠的。

截至20世纪20年代，洛克菲勒基金会成为世界上最大的慈善机构，他赞助的医疗教育和公共卫生是全球性的。他一生直接捐献了5.3亿美元，他整个家族的慈善机构的赞助超过了10亿美元。

另外有趣的是，老年的洛克菲勒经常随便给遇到的大人0.1美元，给小孩0.05美元。他甚至对轮胎大王哈卫·凡士通也这样开玩笑的给了0.1美元。

虽然洛克菲勒对公益事业慷慨解囊，但对金钱有自己的独特理解，他始终践行只要是合法收入就应该归自己的信条。

有一天，在一个既脏又乱的候车室里，靠门的座位上坐着一个满脸疲惫的老人，身上的尘土及鞋子上的污泥表明他走了很多的路。列车进站，开始检票了，老人不紧不慢地站起来，往检票口走去。

忽然，候车室外走来一个胖太太，她提着一个很大的箱子，显然也要赶这班列车，可箱子太重，累得她呼呼直喘。胖太太看到了那个老人，冲他大喊："喂，老头儿，你给我提一下箱子，我一会儿给你小费。"

那个老人想都没想，拎过箱子就和胖太太朝检票口走去。他们刚刚检票上车，火车就开动了。胖太太抹了一把汗，庆幸地说："还真多亏你，不然我非误车不可。"说着，她掏出一美元递给那个老人，老人微笑着接过一美元。

这时，列车长走了过来对那个老头恭敬地说道："洛克菲勒先生，你好，欢迎你乘坐本次列车，请问我能为你做点什么事吗？"

洛克菲勒微笑地说："谢谢，不用了，我只是刚刚做了一个为期3天的徒步旅行，现在我要回纽约总部，谢谢你的关照。"

那位胖太太万分惊讶地问道："什么？是洛克菲勒？上帝，我竟让石油大王洛克菲勒先生给我提箱子，居然还给了他一美元小费，我这是在干什么啊？"

那位太太急忙向洛克菲勒道歉，并诚惶诚恐地请洛克菲勒把那一美元小费退给她。

洛克菲勒微笑着说："太太，你不必道歉，你根本没有做错什么。这一美元，是我挣的，所以我收下了。"说着，洛克菲勒把那一美元郑重地放在了自己的口袋里。

1890年之前，美国只有哈佛大学和约翰·霍普金斯大学等几所大学。随着社会的进步和人们的生活条件的改善，求知欲也增强了，因此大学教育蓬勃发展起来。

1888年3月，一群浸礼教会领导人在华盛顿成立了全美浸礼会教育学会，在会议上通过了盖茨的建议，兴办大学的事就此展开。盖茨还写了一份详细的调查报告，得到洛克菲勒的欣赏。

弗莱德里克·盖茨出身于浸礼会牧师之家，家境贫寒。他靠着自己的勤奋努力，读完了堪萨斯大学。毕业后到银行工作了一段时间，又到曼彻斯特大学深造，其间还兼做中间商的生意。后来他继承了父业，成了一个牧师。

1888 年，他放弃了牧师的职位，担任了全美浸礼教会教育学会的秘书。

盖茨急于想从洛克菲勒口中得到一个承诺，于是他便忙着找洛克菲勒交谈。

有一天，洛克菲勒邀请盖茨共进午餐。在探讨建立芝加哥大学的事时，洛克菲勒说："我认为我们正在取得进展，我们将会继续探讨这个问题。"

盖茨离开的时候，洛克菲勒对他说："我想邀请先生跟我一同去一趟克利夫兰。"盖茨立刻答应了。

在前往克利夫兰的路上，盖茨想：我一定要让他先说捐款的事，这样效果会更好。洛克菲勒锐利的目光好像刺探到盖茨的内心，他平静地说着不相干的话题，对建立芝加哥大学的事却只字不提。

这时一位服务员过来清扫，不小心碰到了洛克菲勒的头。服务员紧张地一个劲儿地赔礼道歉，他却用柔和的声调安慰对方："这没什么，我不会介意。"

晚上熄灯的时间到了，洛克菲勒若无其事地说："晚安！希望你睡个好觉。"

盖茨爬上了卧铺，心里感到又失望又沮丧，他伤心地想：你明知我着急得要命，却还在耍我啊！

在得到盖茨的一系列保证之后，洛克菲勒终于郑重地说："我同意为芝加哥大学的重建捐款，但是你要先去筹备，并拟一项完整的计划给我。"

1889 年 5 月 18 日，浸礼会在波士顿的提蒙礼拜堂召开大会。

在会上，盖茨宣读了洛克菲勒的来信，信中说他将捐助 60 万美元作为建校的基金，希望能抛砖引玉，招来很多的捐款，共同创建这所学校。

会场里顿时一片沸腾，直至此时，盖茨才真的有如释重负的感觉。而洛克菲勒在一夜之间，头上又出现了金色的光环。

教友们纷纷响应洛克菲勒的建议，数日之内又收到 30 多万美元的捐款。捐款的人包括教友、商人、芝加哥大学的校友等。

对于洛克菲勒来说，那笔 60 万美元的捐款不过是第一步。此后，他多次向这所学校投入资金，支持他们渡过难关。但是在他坚持 10 年之后，他决定停止资助。至此，他的捐款总额已达到 3.4 亿美元。

洛克菲勒不但捐款，而且在学校创办的过程中，不辞辛劳地帮助招聘各种教学人员。但是他并不想管理这所学校，也不想借这项事业使自己扬名。

这时，越来越多的求助信，把洛克菲勒压得喘不过气来。于是他请来盖茨，开门见山地说："我的原则是在没有仔细调查一项事业之前，我是不会随便捐助的。但是这项调查花费了我大量的时间和精力，所以我必须有一位助手。"

"我完全同意您的看法。"盖茨点头说道。

洛克菲勒眼睛盯着盖茨说："我一直在留意您，我认为您是最佳人选。我想请您在纽约建立办事处，帮助我做慈善工作，由您负责调查和面谈，把结果汇报给我之后，再决定怎样做。您的意见怎样？"

"我愿意接受您的建议，我将尽力而为。"盖茨爽快地答应了。

3个月后,盖茨在百老汇26号附近开了一家办事处,还召集了一批顾问,开始把老一辈的善举转变成现代化的慈善事业。

于是所有的求助信都直接送到盖茨的办公室,经过盖茨认真调查后,他把认为有价值的信件递交给洛克菲勒,并把资料和他的建议写成一条条简洁而有说服力的备忘录,让人一目了然。

有一次洛克菲勒请他顺便看看自己的几项新投资,通过一番仔细调查,盖茨惊讶地发现大约有20个项目是别人设计的圈套,起因全是洛克菲勒轻信他的浸礼会教友。

当盖茨把真相告知洛克菲勒后,大为震惊的洛克菲勒只好请盖茨收拾残局。于是盖茨一下子担任了13家公司的经理,他大刀阔斧地干了起来,一边大胆地舍弃关停,一边留下一个木材公司,还买下一大片森林大力发展,总算弥补了洛克菲勒在骗局中遭受的损失。他本人也在其中投了资,获取了丰厚的回报。

对于洛克菲勒来说,盖茨是最忠诚、最有能力的合作伙伴。他曾赞扬说:"在我所认识的人中,只有盖茨把经商技能和从事慈善事业的天赋结合到了一起,而且达到一个前人未能达到的高度。"

1892年10月,在盖茨的努力运作下,芝加哥大学正式成立。校长哈伯用冲天的干劲,盖了数座教学楼,还在短时间内,聘请到众多全国一流的著名学者,让芝加哥大学一夜之间就跻身于全国著名高等学府之列。

1897年学校举行校庆5周年活动,洛克菲勒终于被热情执拗的哈伯校长请去了。

洛克菲勒身穿普通的礼服,头戴丝质礼帽,迈着有节奏的脚步走上主席台，一点儿也没有大人物的显赫模样，但还是一下子吸引了几百双眼睛的注视，人们对这位有些神秘感的传奇人物充满了好奇。

在台上，哈伯校长热情洋溢地总结着学校的业绩，展望着诱人的发展前景，最后面向学校的捐助人说："我想我们尊敬的捐助人一定已经注意到，学校多么需要建一座宽敞漂亮的礼堂，好代替这座简陋的帐篷。"台下响起了掌声和笑声。

洛克菲勒只是微微一笑。他打破了原来的约定，站起来用沉稳的声音发表了讲话："我要感谢校长先生，感谢今天所有来庆祝这辉煌开端的朋友们。这只是一个开端，今后的事业将由你们来完成，我相信你们会取得成功的。"

他的话被热烈的掌声打断。

"这是我一生最重要的投资，我很庆幸能和这所大学联系在一起。仁慈的主赐给我金钱，我怎能不把它用在芝加哥大学呢？"

会后，他在众人的簇拥中，亲手埋下建筑礼堂的奠基石。

第二天，洛克菲勒穿上运动装，在学校行政人员的陪同下，骑着自行车参观校园，一边向路旁欢呼的学生招手致意。一群群学生唱道："谁是好汉？谁是好汉？啦啦啦！洛克菲勒，他就是好汉，加油干！"

洛克菲勒被深深地打动了，他的心情从来没这样好过，对于两耳灌满了"章鱼"、"蟒蛇"攻击声的人来说，这无疑是最大的安慰了。

1908年，盖茨向洛克菲勒提议说："你应该和芝加哥大学脱钩了。因为捐赠人的最高理想应当是创立一所能够完全独立于他而生存的学校。假若你脱钩了,这证明你毫无私利可图,不打算给自己树碑立传。"

对于盖茨的这个建议,洛克菲勒起初并不认可。他拒绝说:"这是不可能的,因为我无法割断多年来与它的感情纽带。"

直至1910年,洛克菲勒不得不承认盖茨的建议是对的。在捐赠了1000万美元后,他正式宣布和芝加哥大学脱离关系。可是在那之后,直至1932年以前,他又陆陆续续资助了3500万美元。

组建医学研究所

1897年夏天,盖茨在回纽约乔治湖度假时,认识了一位在医学院求学的年轻人。通过他,盖茨了解到了许多医学知识和医学界的情况,并阅读了《医学原理与临床实践》,书中讲如何诊断100多种不同的疾病,但是却很少讲到如何治疗这些病,而且几乎没有指出引起病症的细菌是什么。

盖茨意识到,美国的医学水平太落后了,远远赶不上某些欧洲国家,在法国和德国都有著名的医学研究所。因此,建立一个医学研究机构以提高医学水平是迫在眉睫的事。

回来后,盖茨立即写了一份极有说服力的备忘录,向洛克菲勒正式提出建立医学研究机构的建议。

但是当时要建立一家这样的机构,对美国人来说实在太陌生了。对于建立研究机构,医学界普遍怀疑:花许多钱请一些人胡思乱想,有什么实际意义呢?

洛克菲勒也毫不例外,起初他对备忘录表示沉默。可是他有对新鲜事物敏感的特殊细胞，盖茨的极富煽动力的游说终于激活了他的冒险精神。

既然这项善举当时在美国无人问津，却是最需要也最有前途的事业，为什么不去试一试呢？洛克菲勒最终决定要在纽约建立一所独立医学研究中心，还同意用他的名字命名。

洛克菲勒对盖茨说："要召集才智出众的人，把他们从琐碎的小事中解脱出来，让他们去异想天开。不要向他们施加压力，也不要横加干涉。我们要做的是：为他们营造一个能够发挥想象力和创造力的环境。这样的话，奇迹也许会发生。"

洛克菲勒答应在10年中拿出20000美元的捐赠，后来又增加到100万美元。小洛克菲勒参与了具体创办工作，他到处奔波，后来成为第一届受托委员会的主席。

1901年，在小洛克菲勒和7位著名医生的共同努力下，在美国成立了第一个医学研究机构——洛克菲勒医学研究所。1904年，成立了新改组的医学研究中心，在弗莱克斯纳的带领下进行医学研究工作。

新组建的研究所确实聚集了众多精英。首席顾问是约翰·霍普金斯医学院院长，病理学教授威廉·韦尔奇，学生们亲切地称他为"宝贝"。他举止笨拙，喜欢诗歌、交际和美食，曾在德国留学，正在把德国高水平的医学引进美国。

研究所首任所长、理事会主席是韦尔奇的得意门生西蒙·弗莱克斯纳。他身材瘦削，脸部轮廓和头脑一样清晰精确；办事严谨公正，很符合洛克菲勒的要求。

有一天，一位记者采访弗莱克斯纳。在他的实验室里的瓶瓶罐罐中,终于逮住了像蜜蜂一样忙碌的弗莱克斯纳,他扶了扶眼镜,郑重地告诉记者:"我们正在执行一个影响深远的计划,它将覆盖疾病起因和治疗的一切领域。"

1906年,医学研究所再度改组,从简单的小研究所扩展成现代化的大型研究所,把研究部门与财务部门分开。由洛克菲勒、盖茨、小洛克菲勒和墨菲等人专门成立了董事会来管理财务及行政,以便让研究所的科学家能够专心从事研究。

洛克菲勒从不干涉研究所的事,很少到那里去。弗莱克斯纳很欣赏捐助人的这种做法,他曾邀请洛克菲勒到研究所看看,这位捐助人谦和地说:"我不能占用大家宝贵的时间。"

"其实,我们这里经常有人参观。"弗莱克斯纳急忙说。

"那就更不该去占用你们宝贵的时间了。"

有一天,洛克菲勒父子出去办事,来到研究所的附近。小洛克菲勒看看父亲的脸色,小心翼翼地说:"爸爸,您还从来没来过这里,我们一起乘出租车去看看吧!"

洛克菲勒答应了,但很勉强。轿车终于停在研究所的大门口。洛克菲勒伸着头从车窗里往外看,却不肯下车。

"爸爸,我们还是进去吧!"儿子在催促着。

"不,我看看外面就够了。"

禁不住儿子的一再劝说,父亲走进了研究所的大门,一位工作人员带着他们走马看花似的匆匆参观了一遍。临走时,他礼貌地对向导说:"谢谢!"从此再没来过。

其实,他不愿进研究所还有一个原因,他不想让弗莱克斯纳摸透他的底细,即是不是要增加捐款啊,什么时候再捐赠啊!他喜欢给自己蒙上一层神秘的面纱。

盖茨经常向洛克菲勒报告研究所的每一项重要工作，每一项诱人的探索。盖茨说得天花乱坠，洛克菲勒听得如醉如痴。有一回，一向面色冷峻的他竟然流下喜悦的泪水。

洛克菲勒对弗莱克斯纳说："请你向同事们转达我的话：不要怕做不好，不要急于出成果。要把眼光放远些，这是个长远的计划。我相信总有一天，你们会成功的。"

弗莱克斯纳为他的通情达理和做事的气魄深深地感动。由于经费充足，又无压力，研究所取得了重大的成绩。

1904年和1905年之交的冬季，流行性脑结膜炎像幽灵一样在纽约一带游荡，有3000多人被夺去了生命。心急如焚的弗莱克斯纳，在马的身上培养一种试验血清，然后在猴子身上进行了试验，他终于获得了很大的成功。

1908年1月，一位德国医生给洛克菲勒打来电话："尊敬的先生，我给一名脑结膜炎患者注射了这种血清，天哪，不到4个小时，病人体温就恢复了正常，没有出现反复。看来病人很有希望康复。感谢研究所研制的这种药物。"

于是研究所大量制造这种血清，不仅治疗了许多美国患有这种疾病的孩子，还把血清运往世界各地，使全世界的孩子大受其益。这项科研成果引人注目，并受到广泛宣传，是洛克菲勒研究所的第一个重要项目。

新闻媒体还把弗莱克斯纳奉为奇迹的创造者，此时的洛克菲勒兴奋得眼里充满了泪水。

在奇迹面前，应弗莱克斯纳的请求，为研究所建立了一所小型的附属医院。看到医院的设计蓝图,洛克菲勒对管具体事务的儿子说:"我们可不能乱花一分钱啊!"

医院设有 60 个病床及 9 个病床的隔离房。他们只收那些正在研究中的病例的病人,免费为他们治疗。

1910 年,附属医院开业了,对 5 种重点研究疾病的患者实行免费治疗。

后来研究所又增设了动物病理学部门和植物病虫害部门。至 20 世纪 50 年代,该研究所在纽约的大楼共有 11 座。

在伊斯特河陡岸上这座科学的殿堂里,弗莱克斯纳组建了一支优秀的科学家队伍,他为每一位专家建立一片领地,他们不断创造着奇迹。

野口英世博士在研究黄热病预防疫苗、寄生虫病、狂犬病及梅毒方面取得了骄人的成绩,获得了很大的声誉;亚历克西斯·卡雷尔博士首创血管缝合技术,为器官移植奠定了基础,获得 1912 年诺贝尔医学奖;劳斯医生发现了引起某些癌症的病毒;还有几个医生合作研究小儿麻痹症和肺炎等病症,都先后取得了诺贝尔奖。

在那个年代,研究所的科学家们成绩卓著,他们共获得了 12 项诺贝尔奖,比其他任何一个研究所获得的荣誉都多。此外,洛克菲勒研究所还拥有全世界最先进的设备。

医学研究所的不平凡的业绩为洛克菲勒赢得了赞誉,他感到十分欣慰。小洛克菲勒对他说:"您建立的基金会没有一个像研究所这样深得人心,听不到一丁点儿批评。我们的钱投入到这里,可以造福世上的每一个人。"

洛克菲勒向研究所捐赠了 6100 万美元。后来它变成一所专业性大学，1965年改名为洛克菲勒大学。在它的教师当中，30世纪70年代就有16名诺贝尔奖金得主。

1903年，洛氏家族创办了第二项大的慈善事业：普通教育委员会。它的宗旨是"在美国国内不分种族、性别或信仰地促进教育"。它的重点在于帮助提高落后的南方黑人和贫苦的白人的教育水平。

洛克菲勒之所以选择南方的黑人为重点，是因为他在那些年里捐赠过数量可观的钱给黑人事业，尤其是南方浸礼会办的学校和学院。1901年，小洛克菲勒在到南方考察以后，对南方的落后和黑人的境遇也深有感触。

小洛克菲勒旅行归来，心中便产生了一个计划，他想用一种根本的办法来帮助他们摆脱困境，即设立教育基金会。他向父亲汇报了调查的结果，并与父亲、盖茨共同探讨了实现这个庞大计划的步骤。

不久，小洛克菲勒代表父亲捐出100万美元。一年之后，小洛克菲勒的岳父、参议员奥尔德里奇利用他的关系，疏通了国会，使普通教育委员会被批准成立。布屈里克博士被任命为执行秘书，盖茨和小洛克菲勒等发起人被任命为受托委员会成员。

普通教育委员会成立之初就成为实施垄断原则的一个实例，它是以洛氏家族的财力支持于1901年在南方教育委员会主持下联合起来的联合体。

这个联合体不仅包括美国最早的慈善事业基金范例皮博迪—斯莱特基金会，还包括塔斯基吉—汉普顿教育综合组织，这个综合组织已经控制着重建运动时期之后获得自由的黑人所享受的高等教育。

斯基吉—汉普顿教育综合组织的势力很快就独霸了南方，普通教育委员会又扩大其活动的主要范围，使之遍及美国其他地区，成为美国巨大的教育组织。

在强大的基金支持下，南方各州的教育积极地向前推进。至1910年，已经用普及教育委员会的基金协助建立了1600所中学。这些新的中学为学院和大学输送了更多的人才，也对八年制的小学教育带来了一种新的意识。

随着时间推移，普通教育委员会又认识到一个问题，即以农业为基础的南方，落后的经济把许多农村儿童拒于学校大门之外。只有改善南方落后的经济、提高整个物质生活水平，学校教育才能达到应有的效果。

于是委员会把它的计划扩大到研究如何帮助贫困的农民学习科学耕作方法，提高产量和收入的范围。委员会在整整调查了一年之后聘用农业专家西曼·克那普博士研究示范耕作，帮助委员会实现这一构想。

直至1911年，克那普博士去世，委员会对于南方农业的示范工作才渐渐减少，由农业部接管。这是普通教育委员会第一阶段的成效。

第二阶段着重于改进高等教育。盖茨认为当时的高等院校分布分散，水平低下，需要大力改进，于是鼓励洛克菲勒再拿出钱来资助这项工作。洛克菲勒同意了他的建议。

在慎重考察的基础上，委员会向134所院校捐助了2000万美元以上，而各院校又抛砖引玉地募集到了另外的7600万美元。这些经费，除了资助校方的用度，还拨出一部分专门用于提高教师薪金，改善教师生活，从而间接提高教师素质。

1915年，普通教育委员会不仅资助建立了示范性质的高等医学院，还加强了像约翰·霍普金斯大学等著名大学的医学院。这前后，洛克菲勒捐款达到了3300多万美元。

普通教育委员会还对在科学与蒙昧间徘徊的落后的美国医学教育，进行了革命性的改革。他们取缔了没有一件科学仪器和挂图的上百所学校，其中有洛克菲勒最心爱的顺势疗法学校。至1928年，委员会已拿出7800多万美元来推广科学的医学教育。

走向慈善事业的顶峰

对于洛克菲勒来说,他的另一项慈善事业,即洛克菲勒卫生委员会的成立,纯属偶然。

1908年,当罗斯福总统在位时,美国南方的人民普遍生活清苦,而且大部分人患有一种钩虫病。

这时,美国公共卫生署的斯泰尔医生带着一台显微镜,风尘仆仆地在美国南方各地奔波。他在患疟疾和慢性贫血的人群的粪便中,发现了钩虫卵。这一新的发现证实了自己的推测。

有一次,这位美国公共卫生局的医生在华盛顿的学术会议上,呼吁人们重视钩虫的危害:"长期以来,人们都认为南方人懒惰,好逸恶劳。实际上,这是钩虫病把人弄得萎靡不振。那里的穷人普遍患有疟疾和慢性贫血,这是因为赤脚走路时,从脚底感染上钩虫而引起的。钩虫寄生在人的小肠里,孵出几千枚卵,它的毒液让人衰弱。"

他陈述了自己的调查情况,提出了防治的计划。可是他的话音刚落,立即引起一片哄笑声,还有愤怒的谴责声:"这真是天方夜谭!"

"一项多么伟大而又愚蠢的发明啊!"

"这是哪里跑来的疯子在说疯话!"

"简直是愚蠢、荒唐至极!"

第二天,《纽约太阳报》刊登了斯泰尔的报告,标题很奇特:《致懒病菌找到了?》

从此,斯泰尔的讲话被人当成笑柄,嘲讽和打趣像苍蝇似的跟随着他。斯泰尔坚信真理在自己的手里,他一直在艰难地寻求资助,好早日治愈那些可怜的患者。

1908年,就职于普通教育委员会的斯泰尔参加了一个访问南方的考察团,与他同行的是该委员会另一位成员佩奇。他们刚走出火车站,就看到一个四肢畸形、步履蹒跚的男人。

斯泰尔对佩奇说:"你看见那个人了吗?"

"哦,看到了。上帝,这是多么可怕啊!"

"他是钩虫病患者。"斯泰尔解释说。

"其实,治疗这种病并不难。"斯泰尔接着解释说,"只要用几剂麝香草酚使钩虫松开钩子,再服用一阵子泻盐泻,把它打下来。不用过多久,病人就能恢复健康。而且费用很低,只需要0.5美元。"

"这是真的吗?"佩奇听了又惊又喜。

"当然是真的,只是在南方患这种病的人太多了,我做过实地调查。大范围治疗要花很多钱,可是没有人提供这笔资金,真是太遗憾了。"斯泰尔皱着眉头,说出了心中的苦恼。

也许是斯泰尔的虔诚感动了上苍,这回他可是遇到了知音。佩奇沉默了一会儿,认真地说:"您的发现太有价值了,我也许能帮助您。"

斯泰尔张大了嘴巴,简直不敢相信自己的耳朵。希望之星真的冉冉升起了吗?

后来,佩奇把斯泰尔带到了普通教育委员会执行秘书布屈里克博士那里。听说了斯泰尔的叙述后,布屈里克又带他去找盖茨。盖茨把洛克菲勒医学研究所的弗莱克斯纳请来,在核实了斯泰尔的资料之后,盖茨便跑去见洛克菲勒。

当时,洛克菲勒正在佐治亚州奥古斯特的博内尔饭店过冬,每天都要去打高尔夫球。小洛克菲勒受盖茨的委托,来到饭店征求父亲对消灭钩虫病计划的意见。

小洛克菲勒说:"父亲,现在有一件非常值得我们去做的事,我想,您一定会很感兴趣。"

洛克菲勒用温和的目光望着儿子,一边随转椅来回转动,一边认真地听着。他刚打完高尔夫球,还是一身打球的装束,显得年轻了许多。

小洛克菲勒详细地讲述了斯泰尔的发现,最后说:"盖茨和我商量,我们可以用普及教育委员会的基金去资助,在南方发动一场消灭钩虫病的运动。这将是一次造福于人类的事,您应该在这场运动中树立起领导者的形象。"

洛克菲勒全神贯注地听着,他停止了转动,短暂的沉默后,终于开口说:"近几年来,我每年都在南方住上一段时间,这已经成了我的一大乐趣。我开始了解、尊重这片土地。我也喜欢当地的社交圈子，还结识了许多热心肠的朋友。"

洛克菲勒高兴地笑了，但是很快又收敛了笑容，郑重地说："我同意执行这个计划。我想这是我们开展大规模的慈善工作的一次绝好机会：病情容易诊断，治疗费用又很低。南方的患者有200多万人，这项计划很快就会有目共睹的成效。"

"那么您打算捐助多少？"小洛克菲勒在高兴之余没忘了问实质性问题。

"我想拿出100万美元。尽管如此，这一决定只能在你认为合适的时候公开。"

委员会成立后积极开展预防和治疗钩虫病。起初，他们的工作在南方受到嘲笑，但是坚持不懈的努力取得了辉煌的成就。

到第五年治疗基本结束时，已有将近50万人向钩虫病告别。1913年，委员会还把消灭钩虫病运动推广至52个国家，有数以百万人得到了挽救。

这一卓有成效的工作使洛克菲勒受益匪浅：人们对洛克菲勒的名字的态度，发生了进一步的重大改变。

对于已经成立的几项大的慈善事业，洛克菲勒并没有感到满足。他想开创一项永久性的慈善事业，其捐款数目及影响，都要超越以前的几项慈善事业。

盖茨也曾向洛克菲勒提议，不仅要在国内开展慈善事业，而且要把这一事业推向国外，推广世界性的医学研究及全球性的基督教义以增进人类身体和心灵的健康。

洛克菲勒慈善事业的顶峰，应该说是洛克菲勒基金会的成立。洛克菲勒基金会成立于1913年5月，是洛氏的一项永久性的规模最大、资金最多，有世界性影响的慈善事业。但是它的成立过程一波三折。

早在1910年，洛克菲勒就有建立一项信托基金的设想。他设想这笔巨大的资金范围是没有限制的，规模是世界性的。它的宗旨是"开展触及个人或社会的福利、不幸或悲惨生活根本"的活动。

盖茨对这个想法非常赞同，他建议成立为全人类谋求幸福的永久性企业化慈善机构，通过受托人管理资金，为社会兴办福利。

筹备工作大约进行了5年。1909年，计划已经草拟出来，洛克菲勒拨出标准石油托拉斯的5000万美元证券作为最初的基金，并签字认可这笔基金的产权属于3位受托管理人：盖茨、小洛克菲勒和他的女婿哈罗德·麦考里奇。

洛克菲勒开始向国会申请建立基金会的特许证。可是当时联邦政府正在起诉他，反托拉斯运动正值高潮，人们提出种种怀疑：洛克菲勒这个狡猾的家伙是不是心怀叵测，另有图谋？

事情一拖就是3年。洛克菲勒只好先废弃了他原先的捐款，但是他成立基金会的决心没有动摇。他接着向纽约州申请特许，由于该州的立法人士并不十分挑剔，洛克菲勒在1913年5月通过了特许，成立了"洛克菲勒基金会"。

洛克菲勒一下子提供出1亿美元供基金会使用。至1919年又增加了8280万美元。他在10年里的投入相当于今天的20亿美元。基金会在成立后的几年时间里，发展成一个国际性机构，大力参与各种国内外的救助工作和教育运动。

基金会的负责人也选定了。小洛克菲勒代表洛氏家族掌握大权，他当了4年第一任总裁，随后又当了23年的董事长。

此外盖茨和格伦先生也为基金会贡献了很多。基金会刚成立时，只有两个人，一个是小洛克菲勒，一个是秘书格伦先生。

格伦毕业于哈佛大学，是个传教士的儿子，毕业后任职于母校。他机智又富有创造力，加入基金会后，他为之倾注了大量的心血。

之后，基金会又吸收了更多的人为它服务。除了洛氏父子和格伦外，又选出6位委员为资金的受托人。他们分别是：盖茨、杰德逊、弗莱斯诺、墨菲、海特、罗特，后来，赫本和参加了该基金会的工作。

格伦根据洛克菲勒提出的大原则，为基金会定下了6大章程：

基金会不做个人的接济；协助的范围要广泛，不可只局限于一隅，除非是实验性质的协助；基金会不愿意协助任何能自助并助人的社区或集团；基金会不接济任何无权过问的机构或团体；基金会不接济任何长时期阻碍其资金有益运用的团体；基金会愿意捐赠给任何能彻底消除个人或社会危害和痛苦的团体。

洛克菲勒基金会首先集中力量攻克全人类的疾病。它资助了一些医生和医学研究人员向世界范围内的一些流行病进攻，包括52个国家中的钩虫病，所有热带和亚热带地区的疾病，还有南美洲和非洲的黄热病。

随后，这个世界上最大的慈善机构在世界范围内开展了许多有益的工作：比如发展玉米、小麦和大米的新品种，消灭传染病，为伦敦、里昂、布鲁塞尔和加尔各答等地医学研究提供资助。在美国国内，它是医学研究、医学教育和公共卫生事业的主要赞助者。

洛克菲勒一生捐款5.3亿美元，其中有4.5亿美元投入医学界。

1921年，在中国的北京，出现了一幢幢有琉璃瓦屋顶的房子，翠绿色的琉璃瓦在阳光下熠熠生辉。这59座房子被人称为"绿城"，它就是著名的中国协和医学院。它的设备和教学水平在亚洲是一流的，为中国培养了一代又一代掌握高超医术的人才，也为中国现代医学的发展奠定了基础。

为这座医学院提供建立资金的是洛克菲勒基金会。它是洛克菲勒最具雄心勃勃的计划项目之一。

除了中国之外，洛克菲勒基金会在医学研究方面的捐助还远达伦敦、爱丁堡、里昂、布鲁塞尔、圣保罗、贝鲁特等地。对于和美国人同源同种文化的加拿大，洛克菲勒也拨出资金帮助那里的教育。

当然，他也让一大批遗产因慈善事业而免交了遗产税。

洛克菲勒为慈善事业注入现代化精神和新的内涵，更多地关注新的开拓性领域，这无疑对推进科学与文明的进步起了巨大的作用。

赫斯特的报纸写道：

> 自从诺亚方舟在亚拉腊靠上陆地以来，全世界有史以来捐赠钱财最多、取得效果最好的非洛克菲勒家族莫属。

快乐的老年生活

在退休前的一段时间里，洛克菲勒的生活很简单，每天基本上就是来往于家庭、办公室和教堂，顶多到户外溜冰或骑马。他对穿着没有太大的讲究，只要求穿得干净整洁，很少添置新衣。

他在饮食上更是随便，只爱吃面包、喝牛奶，不喜欢吃热食。与家人共餐时，常常是家人先吃，听他说话，等到菜汤凉了他才开始吃。在他的卧室窗台上，常常放着一袋子苹果，他几乎每天临睡前都要吃上一个。

但是洛克菲勒从没有忘记他开创的石油事业，他保留着44岁时买下的纽约股票交易所里的那个座位，也始终保留着他在加利福尼亚标准石油公司的第一号股票。

在每年过生日的那一天，他都通过电视台向全世界发表以下的讲话："上帝保佑标准石油！"

洛克菲勒最大的乐趣是不断地改建自己的庭院。早在临近退休的时候，他就在寻找理想的住所。后来终于在离纽约市西北约30

千米的地方买到一幢房子，它坐落在波坎蒂科低矮的山丘上，站在阳台上能看到奔流不息的哈得逊河和新泽西的峭壁悬崖。1900年他又买下周围的土地，最终扩大到3000亩。

遗憾的是，这栋房子在1902年毁于一场大火。洛克菲勒只好暂时迁入庄园的另一幢房屋。他时常挂念着重建的事，却又总是拖延。

后来小洛克菲勒负担起全部的责任，监督新屋的设计和营造工作。他和建筑师以及室内装潢师一起密切结合，需要时还聘请一些专门的顾问。

而洛克菲勒一方面让儿子和建筑师营建住宅，一方面自己也满怀热情地参与庭院的建设。

洛克菲勒请来一位设计师为他搞园林设计，还计划在房屋周围建一个250亩的花园。接着他亲自接过工程，把设计师降为顾问。他甚至造了一个指挥塔，站在上面指挥布置花园。他在勘测道路时亲手画线，直至天黑看不见那些标准和小旗才作罢。

1913年10月，这座庄园的建造终于大功告成。他和妻子搬进了新居，但是此时的劳拉已经重病缠身，剩下的日子已经不多了。

晚年的洛克菲勒听从了助手们的劝告，逐渐从封闭中走了出来。在公司新设置的公关人员克拉克的安排下，在轻松的气氛中接受了记者的采访。

多年来，在老人的眼里，洛克菲勒都扮演着神秘人物的角色。在媒体中有客观的报道，也有曲解和攻击。他坚信沉默是金，一概不予理睬。

1908年，在墨菲律师的帮助下，洛克菲勒平静地回忆了往事，写成了《漫议》，并在杂志上连载。通过回忆录，他对标准石油公司一些被歪曲的事实真相，和那些通情达理富有人情味的一面，都展现在公众面前。

洛克菲勒甚至接待了一个美国幽默作家代表团的来访，他的机敏和幽默让代表们钦佩不已，一致推举他做他们的名誉会员。

洛克菲勒泰然自若地过着他的日子，成了一个爱说俏皮话和笑话，有时说几句至理名言的快活老头。他的服装一改以前的深颜色，变得异常鲜亮和怪异，像一个退了休的演员和时装模特儿。

有一段时间，洛克菲勒因为胃肠疾病的折磨曾经骨瘦如柴，后来在一位德国医生的治疗下，又高又瘦的身体显得健壮了，而且目光炯炯，步履矫健。

退休后，洛克菲勒很喜欢各种运动，似乎在有意弥补没有童趣的童年。

1899年，他住在新泽西州的一家酒店里，和朋友约翰逊一起玩掷马蹄铁套柱游戏。他姿态自如，百发百中。约翰逊兴奋地说："真是太妙了！洛克菲勒先生，看来您很适合玩高尔夫球。"

洛克菲勒和约翰逊来到住处附近的草坪上，他打了几杆擦边球之后，就令人惊奇地打出几个超过100码的好球。

"这样行吗？"洛克菲勒试探地问。

"当然行！100个人里边也找不出几个能打出这种好球的。"

"有些人不是能打得更远吗？"

"那要经过一定的训练才行啊!"

洛克菲勒决心和妻子开个玩笑。他请了一位职业高尔夫球手,到酒店偷偷地教他,每次球童看见夫人劳拉远远地走来,便给他发个暗号。洛克菲勒赶紧躲到灌木丛里。几个星期后,洛克菲勒好像随口对妻子说:"我看打高尔夫球是很有趣的运动,我虽然没打过,倒很想试一试。"

说完,洛克菲勒走到发球区,拿起球杆,一下子把球打到160码以外的地方。他装作若无其事的样子,劳拉却惊呆了。她摇着头带着赞美的神情说:"约翰,我也许早该知道,你干什么都比别人强,学什么都很快。"

洛克菲勒脸上露出孩子般的得意神情。

他迷上了高尔夫球,像管理他的公司似的,认真地纠正着每个不合规格的动作,孜孜不倦地探讨着球艺,只用26杆就能完成6个洞的进球。他坚持每天打,终于使他一度近乎崩溃的身体恢复了健康和活力,脸色由苍白转为红润。

而且每天上午10时15分至12时之间的打球时间,也为他提供了社交机会。他经常请朋友一起打,一到球场就先开一通玩笑,用幽默的语言说些趣事,逗别人乐。有时还哼哼赞美诗和流行歌曲,甚至还吟诵自己写的短诗。他规定球场上不谈业务和捐赠的事,要是有谁违背了这一规则,就再也不会受到他的邀请。

洛克菲勒还热衷于乘车出游散心,这是他每天的必修课。无论天气如何,他装束停当就驾车出行。

他和约请的几位客人一起坐在一辆1918年出产的克莱恩—辛普莱克斯牌旅行轿车在乡间小道上飞驰。这辆紫红色的车装有半截车门，备有7个舒适的黑色真皮软座。他们沐浴着清新的空气，一会儿吹口哨，一会儿唱圣歌，一会儿说笑话。

突然一辆轿车超过他的"坐骑"，一向争强好胜的洛克菲勒问司机："我们的车能再开快一点吗？"

司机微笑着点点头，车子加速了，终于超过了前面那辆车。洛克菲勒表情平静地盯着前方，在超越中内心获得了极大的满足。

完美的人生终点

老年的洛克菲勒的活动圈子更多的是在家人、同事和浸礼会教友中。一直以来，他都是个好丈夫，对妻子绝对忠诚，充满耐心和爱意。

1887年6月初，洛克菲勒破天荒地带着一家人，在和石油帝国高级经理们挥手告别中，登上客轮，到欧洲做3个月的度假旅行。

他们在伦敦皮卡迪利广场旁旅店的窗子里，瞪大眼睛观看维多利亚女王登基50周年的庆典；在瑞士的泽尔马特挥汗如雨地登山；在法国巴黎的豪华餐厅里，苦苦地研究着看不懂的账单，生怕上当受骗，这是洛克菲勒常年经商养成的习惯。

不过，他们还是非常快乐地登上了埃菲尔铁塔，欣赏巴黎的美景。他们驻足于塞纳河畔，观看飘逸的白帆；他们驻足于凯旋门前，体会它的雄伟壮丽；他们驻足于巴黎各大博物馆，欣赏精美绝伦的艺术品。而在意大利，在观看了维苏威火山、水城威尼斯、罗马斗兽场和比萨斜塔之后,一家人坐在罗马一家饭店的大厅里,正在认真地讨论着,是不是真的像账单上写的是吃了两只整鸡。

"我记得是一只。"伊迪丝固执地说。

"不,是两只。"贝西反驳着妹妹。

洛克菲勒说:"我想我能够解决这个问题。约翰,你是不是吃了一只鸡腿?"

"是的。"儿子小约翰回答说。

他又问问女儿:"艾尔塔,我看见你好像吃了一只鸡腿。"

"是啊!"艾尔塔赶紧承认。

他把头转向身边的妻子:"亲爱的夫人,我记得你吃了一只鸡腿吧?是吗?"

夫人用爱怜的眼光望着丈夫,微笑着点点头。

洛克菲勒像主持董事会似的郑重宣布:"鸡没有长3条腿的,所以我记得我好像也吃了一只鸡腿。那么,账单上说我们吃了两只整鸡是正确无误的。"

于是一个小小的争议就这样顺利解决了。

洛克菲勒还是深受孙子们欢迎的好爷爷。

1913年波坎蒂科庄园建成后,小洛克菲勒和妻子艾比的小家庭也迁入这个世界。他们有一个可爱的女儿;5个虎虎有生气的男孩。爷爷对孩子们很宽容,对顽皮淘气之举从不干预。孩子们喜欢到爷爷家里吃饭,他们可以边吃边聊天。最高兴的是听祖父讲故事。每当吃甜点的时候,爷爷就绘声绘色地开讲了,都是猫呀狗的有趣故事,其中没有说教。

有一回，他讲了一个好心人的故事，他说："有一个人心肠好极了，可就是太爱喝酒。一天夜里，天黑得伸手不见五指，这位好心人喝得酩酊大醉，歪歪扭扭地走在路上，'咕咚'一声掉进市镇广场的水槽里。他拍打着水，高声呼救。"

这时，洛克菲勒在空中挥动着双臂，嘴里喊着："救命！救命！"把醉汉模仿得惟妙惟肖，使孩子和大人们瞪大眼睛，如临其境。

"最后镇上的警察赶紧跑到出事地点，伸手去拉那个落水的人。可是醉汉却糊里糊涂地高喊：'不！不！不要管我，先救女人和孩子！'"

孩子们听到这里，都乐得前仰后合。

劳拉自1909年末起，大部分时间都卧床不起了。每当家里举行宴会时，洛克菲勒都会摘下一朵花说声"失陪了"，然后走到楼上，把花献给爱妻，还把席间的趣事讲给她听。

1914年9月的金婚纪念日，他请来一支铜管乐队在门前草坪上演奏门德尔松的《婚礼进行曲》，然后让妻子坐在轮椅上与他一同欣赏。

1915年冬，劳拉终于走了。洛克菲勒竟然当众哭了起来，这在他来说是从未有过的事。为了纪念妻子，他捐赠7400万美元设立了"劳拉·斯佩尔曼·洛克菲勒基金会"，专门赞助她生前所支持的各项事业。

劳拉去世后，洛克菲勒对南方的气候更有兴趣。1918年他在佛罗里达州的锡布里兹买下一幢房子。这座三层小楼因为窗户上都遮着凉篷，被人称作"凯茨门荻"，即窗罩的意思。房子掩映在高大的棕榈树下，花园伸向注入大西洋的哈利法克斯河。房间里有一架钢琴、一台漂亮的管风琴和一架留声机，这让他的房间里有时充满了琴声。

洛克菲勒不喜欢带随从，独自在小城闲逛，有时和邻居聊聊天。在寒冷的日子里，他包着围巾，戴上粗呢帽，一副怪老头模样。

一个男孩向他打招呼："您好！约翰·洛克菲勒先生。"

洛克菲勒笑眯眯地说："如果你说'你好！邻居约翰'岂不更好？"从此人们都按他的意愿，叫他"邻居约翰"。

"邻居约翰"每当过生日的时候，都请附近的孩子们吃大块的冰激凌和蛋糕，还无拘无束地参与孩子们的游戏。

有一天，汽车大王福特路过这里，没打招呼就来拜访他。他们在高尔夫球场上握手相见，谈得很投机。福特后来对人说："我一看到洛克菲勒镇定苍老的脸和犀利的双眼，就知道是什么造就了标准石油公司。"

洛克菲勒的晚年头脑依然清醒机警。他在确信唯一的儿子有足够的坚毅和能力支撑一切之后，从1917年开始，分期分批地把财产移交给儿子；直至1922年，总数是4亿多美元。自己只留下2000多万元用来炒股。97岁时依旧在股市上奋勇搏杀。

洛克菲勒还有自己独特的幽默方式，他让秘书在报纸上发布了一条消息，说他即将去天堂，愿意给失去亲人的人带口信，每人收费10美元。这一荒唐的消息，引起了无数人的好奇心，结果他赚了10万美元。如果他在病床上多坚持几天，赚得还会更多。

只是与他巨大的财富相比，他的晚年生活显得过于节俭。他饮食简单，从不乱花钱，严格检查家用账簿。在节日里和妻子只交换小礼物，如手套、手帕、领带之类。有时还写上几句温馨的祝词。他强调的是礼物中缊含的感情价值。

1908年的圣诞节，小洛克菲勒破例送给父亲一件贵重的毛皮大衣和皮帽。洛克菲勒说："我万分感谢你给我的礼物，我觉得我享受不了这种奢侈品，但是能有一个为我买得起这些东西的儿子，我非常高兴。"

他礼貌地退回了礼物。不知所措的小洛克菲勒只好自己把这套贵重的"行头"穿戴起来。

洛克菲勒经常给儿子写信，用形象生动的语言教育孩子，他在给儿子的第十三封信中写道：

> 智慧之书的第一章，也是最后一章。天下没有白吃的午餐。

里面讲到一个有趣的捉猪的故事，他以故事的寓意告诫儿子：

> 一只动物要靠人类供给食物时，它的机智就会被取走，接着它就麻烦了。同样情形也适用于人，如果你想使一个人残废，只要给他一对拐杖再等上几个月就能达到目的。
>
> 换句话说，如果在一定时间内你给一个人免费的午餐，他就会养成不劳而获的习惯。

然而，洛克菲勒并非要儿子不帮助他人，而是告诉他如何真正地帮助他人："是的，我一直鼓励你要帮助别人，但是就像我经常告诉你的那样，如果你给一个人一条鱼，你只能供养他一天，但是你教他捕鱼的本领，就等于供养他一生，这个关于捕鱼的老话很有意义。"

"在我看来，资助金钱是一种错误的帮助，它会使一个人失去节俭、勤奋的动力，而变得懒惰、不思进取、没有责任感。更为重要的是，当你施舍一个人时，你就否定了他的尊严；否定了他的尊严，你就抢走了他的命运，这在我看来是极不道德的。作为富人，我有责任成为造福于人类的使者，却不能成为制造懒汉的始作俑者。我不把安逸和享乐看作是生活目的的本身，因为我称其为猪的理想。"

洛克菲勒有规律地生活着，作息时间安排像时钟一样准确，这也许是他长寿的重要原因吧。其中有趣的是每天午餐或晚餐后，他都要玩一种"数字比赛"的游戏。有时和客人玩，有时和家人玩。游戏要求对数字反应敏捷，他玩得最精，经常是赢家。他自信能够活到100岁，相信上帝会给他这个恩赐。

1937年初，洛克菲勒的身体已非常虚弱，但头脑依然清醒。5月22日，他还和陪伴他的表妹伊文斯夫人说笑打趣。

5月23日凌晨4时5分，他因心脏病发作，在睡梦中平静地离开了世界。这一天距离他98岁生日还差6个星期。

洛克菲勒的死讯传出之后，浸礼会教堂的司事敲响了楼顶的大钟。他的亲人、朋友和工作人员举行了一个私人葬礼，遍布全球的标准石油公司所属机构的雇员们默哀5分钟。27日，他的灵柩运往克利夫兰，安葬在母亲和妻子两位已故妇人的中间。

他逝世的消息成了当天报纸的大字标题新闻，各家报纸登载的讣告都高度赞扬慈善家洛克菲勒，人们似乎忘记了过去对他的谩骂，即使过去攻击过他的人也如此。

那位曾经讯问过他的检察官萨络尔·昂特迈耶写道：

> 除了我们敬爱的总统，他堪称我国最伟大的公民。

有几个讣告把洛克菲勒写的唯一的一首总结自己一生的小调改成了诗：

> 我学习工作也学习享乐，
> 我的生命就是愉快假日，
> 充满工作，充满享乐，
> 上帝日日都在保佑我。

洛克菲勒在商界取得成功后，数十年来始终是一个有争议的人物，既受人尊重，也被人藐视。世界钢铁大王卡耐基，就称洛克菲勒为"刽子手"，但是洛克菲勒对这种说法从不加以反驳。他把这视为自己的一种风格，不然美丽的蔷薇就永远不会昂首怒放。

不管是非议还是赞誉，但是洛克菲勒活了98岁，亲眼目睹了近一个世纪的历史变迁，这一点是共同的。他的"贪婪"，对事业不断地进取；他的自信，对失败从不认输；他的热情，晚年热衷于慈善事业；他的俭朴，亿万富翁也不纵情享受，以及他生活的规律，对体育的爱好，节食和素食等，这些都是值得人们称道的。

洛克菲勒的发迹和致富，在许多人的眼中一直都是个谜。解铃还须系铃人，他那别具匠心的碑文，也许概括了他不断在平凡中发现奇迹的传奇一生，也许能帮助不少人解开他发迹和致富之谜——我们身边并不缺少财富，而是缺少发现财富的眼光。

一生最大的财富

洛克菲勒说过，"赚钱的能力是上帝赐给我们的一份礼物"。出于对家族的责任感，年迈体衰的老洛克菲勒后来把这种人生观传递给了他唯一的儿子——小洛克菲勒。

洛克菲勒终于走完了富有传奇的一生，他的慈善事业有了最满意、最放心的继承人，那就是他的独生儿子小洛克菲勒。

洛克菲勒曾说："我一生最大的财富是我的儿子。"

如果说洛克菲勒是挣钱能手的话，那么小洛克菲勒则是用钱高手。他为家族的财富开辟了一条最有意义的发展道路，为父亲和家族罩上了一个金色的光环。

小洛克菲勒成了家族的掌门人后，不仅接管了家族的石油生意，同时还接管了家族的慈善事业。有时候，小洛克菲勒发现：自己要想在石油生意和慈善事业这两种祖传家业之间找到心理平衡非常困难，因此他经常经受着精神失常的煎熬和折磨。

小洛克菲勒曾经描述说，他在做生意的时候感觉就像参加一场和自己良心进行比赛的赛跑。他还表示，父亲所受的宗教思想教育经常使他禁不住产生怀疑：自己在生意场上所做的事情究竟是否正确？

1884年，小洛克菲勒曾进入纽约语言学校念了一年书。1890年，小洛克菲勒16岁时，转学到了当时很有名气的卡特勒学校。由于禀赋颖异，加上学习努力，小洛克菲勒的学习成绩一直名列前茅。

但就在这时，洛克菲勒夫妇却发现小洛克菲勒患上了莫名其妙的神经衰弱症。孩子被病魔折磨得骨瘦如柴，浑然无力。父母眼看着娇子一天天地消瘦下去，内心焦虑异常。

为了拯救病儿，洛克菲勒夫妇不得不把他送去老家"森林山"庄园养病，过离群索居的生活，度过他的第十七个年头。1893年9月他进了布朗大学。

小洛克菲勒在学校里从不吸烟、不喝酒、不玩牌，过着浸礼会清教徒式的生活。他事无巨细，所有的开支都一丝不苟地记在账本上。他的节俭生活成了校园里的趣闻：这位大富翁的独生子自己熨裤子、缝纽扣、补擦碗布。

不过他在同学里还很有人缘。他学习成绩优秀，善于接纳不同的观点。他不再孤独，走出了封闭世界，参加了合唱团、曼陀林俱乐部和弦乐四重奏乐队。他还尝试越轨行为的快乐——对他浸礼教会的家庭而言——去剧院看莎士比亚的戏剧，参加舞会。

就是在舞会上，他邂逅了罗德岛参议员纳尔逊·奥尔德里奇的女儿，见过世面的艾比·奥尔德里奇。她身材高挑丰满，举止优雅，在经过长时间的恋爱之后，最后走上婚姻的殿堂。

1897年夏天，刚毕业的小洛克菲勒恋恋不舍地走出大学校园。1897年10月1日，小洛克菲勒开始到百老汇26号去上班。那是设在第九层楼的一间陈设简朴的办公室，他坐在卷盖式办公桌后面，每天和盖茨、父亲的秘书乔治·罗杰斯和一个电报员打交道，年薪是6000美元。

父亲对待儿子的具体工作态度神秘莫测。小洛克菲勒说："在我去上班之前，父亲一字不提要我在办公室里干些什么，在那以后也没提过。"也许父亲真的要检验儿子的能力，让他自己找到应走的道路吧？

洛克菲勒虽然在那一年退休，离开了办公室，可对那里的一切还了如指掌。在晚宴中，他会向客人说一声"对不起"，然后询问儿子一天做了什么，他和蔼地提出一些探究性问题，儿子意识到，这就是对他的业务指导了。

更多给予小洛克菲勒具体指导的是盖茨。小洛克菲勒不再满足于让大家灌满墨水瓶，而是跟随盖茨去明尼苏达州产铁的山区去旅行，去旁听各种业务会议。他渐渐入门，在庞大的石油王国里找到自己的位置，他成了美国钢铁公司、新泽西标准石油公司、花旗银行、特拉华—拉克万纳—西部铁路公司的董事。

小洛克菲勒很想到股市上显显身手。父亲为了教会儿子投资技巧，以6%的利息向儿子提供贷款，同意儿子去买股票。第一年，小洛克菲勒赚了几千元钱，他很兴奋，心里开始跃跃欲试，想干一番更大的事。

没想到他刚一行动就落入"华尔街之狼"的圈套里。"华尔街之狼"名字叫大卫·拉马尔，是华尔街的经纪人。1898年，他与洛克菲勒的秘书乔治·罗杰斯相识，通过罗杰斯认识了小洛菲勒。

这位经纪人穿戴体面，又很健谈，能讲出一套投资理论，对工商界形势也是一副了如指掌的样子。

有一天他找到小洛克菲勒，很神秘地说："现在美国各地对皮革的需求量很大，生产前景看好。我得到可靠情报，美国皮革公司的股票将要大涨特涨。听说詹姆斯·基恩正在吃进这种股票。"基恩是著名的股票交易商，这点提醒很有诱惑力。

"我想，您应该抓住这个发财的机会。"经纪人告诫他说。

小洛克菲勒心动了，他把这当成是证实自己投资眼光和能力的大好机遇，一下子把能吃进的股票都吃进了。

一个偶然的机会，小洛克菲勒得知这不过是一场骗局，所有的股票都是拉马尔的：这边在收购，那边在狂抛，拉马尔发了一笔大财。

小洛克菲勒一下子损失了100多万美元，他怀着极愧疚的心情，老老实实向父亲忏悔。父亲又仔细地询问了每一个细节，淡淡地说："好吧，约翰，别着急，让我们一起渡过难关吧！"

小洛克菲勒几乎不敢相信，父亲没有一句责备，也没有喋喋不休的教导，更没有大发雷霆。他深深地被父亲的宽容所感动了。而他从这件事中得到的教训够他一辈子受用了。

他宁肯过普通人的日子，把财富当成了负担，所以常常被疾病击倒。可是独一无二的继承人地位，让他很不情愿地挑起这副重担。

1910年，小洛克菲勒按照自己的心愿，辞去了标准石油公司和有关公司的一切职务，专心致志地接手情有独钟的慈善事业。他首先在医学研究所做了许多具体工作，他是普及教育委员会的积极发起人和组织者，还为洛克菲勒基金会到处奔波。

小洛克菲勒唯一没有辞去的是 CFI 公司的董事职务，没想到该公司属下的南部煤田的劳资冲突却把他推到了浪尖上。洛克菲勒拥有大量公司的股份和控制权，可是当他买下公司之后才发现，公司的管理层都是骗子和窃贼，盖茨推荐的新领导人更是愚蠢的家伙。

工人们无法忍受地狱般的生活，发动了罢工。公司请国家警卫队用武装镇压，造成了流血事件。那是洛氏家族最难过的日子，法庭上的起诉、铺天盖地的舆论让洛氏家族透不过气来。洛克菲勒始终坚持强硬立场，反对工会，反对与工人对话。

正是在这个关键时刻，小洛克菲勒出面找到麦肯齐·金（此人后来曾两度担任加拿大政府总理），帮助他走出了父亲的阴影。他听从金的劝告，不惜违背父亲的立场，亲自到矿区黑暗的住宅里和工人对话，在法庭的证人席上公开向工人道歉，还逼迫公司管理层让公司雇员进入董事会，成立劳资联合小组以解决工人的困难，并允许工人加入工会。小洛克菲勒终于安抚了义愤填膺的公众，成了整个美国改善劳资关系的先行者。

小洛克菲勒以非凡的勇气，为家族的公众形象带来了重大的改变。洛克菲勒不再计较儿子是否背叛了他的主张。高兴地对朋友说："这件事做得太棒了！就是我亲自出马，也不可能做得更好。"

这次事件，也让小洛克菲勒对自己的能力和判断力有了信心。

1913 年，他说服老洛克菲勒，买下了公平信托公司。由于家族财富的巨大的潜在力量，至 1920 年，公平信托公司已拥有 25 亿美元的存款，成为美国第八个最大的银行。

至 1929 年，通过一系列诡计多端的合并，公平信托公司吞并了 14 家较小的银行和信托公司，不仅成了全国最大、最强的银行之一，并且在国外也开设了许多分行。它成为洛克菲勒家族日益复杂的金融计划的一个重要部分。

后来，公平信托公司又成功地与世界上最大的银行——大通银行进行合并，并通过几次较量，将银行董事会控为己有，小洛克菲勒在使大通银行成为洛克菲勒金融势力未来的基石的同时，还把他的一些美孚石油公司股票再投资于国际商业机器公司、通用汽车公司和其他一些新的公司。这些投资都为他赢回了数倍于投资的巨大的利润。

1924 年，小洛克菲勒和夫人艾比带着 3 个儿子到美国西部旅游。他们来到黄石公园，第二天去看附近的巍峨陡峭、白雪皑皑的大特顶山。在海蓝色天幕的映衬下，大特顶山显得如此圣洁神奇。

小洛克菲勒被深深地震慑了！这时父亲已经完成了财产的移交，他已有将近 5 亿美元的家产。

小洛克菲勒决定买下 30000 多亩的土地，把它移交给国家公园管理局，开辟成旅游景点。他为谢南多厄国家公园、大雾山国家公园、帕利塞茨公园捐赠了大量的土地。小洛克菲勒的自然保护主义热情受到人们普遍的赞扬。

小洛克菲勒让已经破坏殆尽的殖民时期首府威廉斯堡重现 18 世纪时的风貌；用巨大的投资重建回廊艺术博物馆，让琳琅满目的中世纪艺术品馆生辉；他还为法国凡尔赛宫的修复慷慨解囊。他成了保护与推进文化建设的积极赞助者。

最能代表小洛克菲勒成就的是洛克菲勒中心。

这是曼哈顿地区的一座城中之城，14栋具有装饰派艺术特色的锥形大厦直插云霄。这里有标准石油公司的新总部，还有美国无线电公司、全国广播公司等许多大公司租用的办公室。这群建筑的崛起本身就是小洛克菲勒坚韧与能力的见证。

小洛克菲勒原来是与大都会歌剧院合作，想重建一个新的歌剧院。可是在1929年，美国股市出现了大崩溃，原来的合作者撤资了。面对已经买下的大片土地，小洛克菲勒平生第一次做出大胆的决定：要独资建立集办公与娱乐为一体的楼群。

小洛克菲勒请来设计师把大楼设计成线条明快的未来派风格，他自己则在地板上面的图纸上爬来爬去，用尺子认真地测量着。

1939年，在洛克菲勒去世后两年，小洛克菲勒头戴安全帽，亲手钉上大厦的最后一颗铆钉。那一年，他65岁。这个楼群成了美国经济大萧条时期最杰出的商业成就之一。

小洛克菲勒用父亲给的金钱和自己的远见卓识，把慈善机构发展成可以与标准石油公司比美的蔚为壮观的帝国。而更令小洛克菲勒欣慰的是，他的5个儿子在事业上干得更出色，把家族的事业又推上一个新的高度。

延续财富神话

中国有句老话说"富不过三代",但是洛克菲勒家族发展到现在已经是第六代了,依然如日中天、独"富"天下。

经历了一个多世纪的洛克菲勒家族,仍在续写着辉煌的历史,而且他们积极地参与文化、卫生与慈善事业,将大量的资金用来建立各种基金,投资大学、医院,让整个社会分享他们的财富。

洛克菲勒家的第二代父母对子女要求严格,积极引导,磨炼意志,健全身心,自力更生,奋发图强,最后使他们兄弟5人都成为出类拔萃的有用人材。

小洛克菲勒夫妇有意识地让孩子们学会烹调技术和后勤工作。他们安排海豹港夏季住宅的女管家教男孩子们当厨子。此后不久,他们就同意吃男孩子们每周三给他们准备的晚饭。

有一天,小洛克菲勒夫妇刚走进餐厅,站在门口的长子约翰微笑着说:"爸爸,妈妈,请用餐吧!"

小洛克菲勒夫妇蛮有兴趣地坐在餐桌前,拿起餐巾。三子劳伦斯端着一盘菜,小心翼翼地摆到桌面上。他一丝不苟地按着顺序,把菜肴一样样端上来,最后上了甜点。

这时负责烧菜的约翰和次子纳尔逊也坐上餐桌。品尝着满桌子的美味佳肴,一向严肃的小洛克菲勒脸上露出了笑容:"啊!孩子们,菜的味道很好。"

坐在餐桌另一头的最小的儿子戴维,扬着一张天使般的圆脸说:"土豆皮可是我和温思洛普削的。"

艾比认真地说:"啊!我们的戴维最能干!"

一家人满心欢喜地吃着,觉得比高级餐馆的菜更香甜。

饭吃完了,孩子们立即把餐具撤下去,洗得干干净净地放好。

这是一家人最开心的日子。这场别开生面的家宴完全由5个男孩承包,从设计吃什么,采买原材料到烹调,全是孩子们自己干。而烹调的技巧则是向女管家学来的。他们每周都要这样做一次,成了家里的规矩。

艾比说:"这样做是让孩子们懂得劳动的艰辛。"

为了让孩子有自给自足的观念,不是什么都向父母伸手要,孩子们在波坎蒂科庄园里开辟了一个菜园,在园艺师的指导下,平整土地、播种、浇水、锄草。

在收获的季节,孩子们看到自己种出的蒿苣、黄瓜、西葫芦和南瓜,高兴得乱蹦乱跳。6岁的温思洛普把他种的南瓜卖给了父亲,3个大些的男孩则直接用小车把产品推到市场上,卖给了杂食店。只有年龄最小的戴维没有参加劳动,只能眼巴巴地望着兴奋的哥哥们。

随后纳尔逊和劳伦斯转去经营获利更多的养兔业。他们俩买进洛克菲勒医学研究所的公兔和母兔，然后再把它们的后代售给研究所，以挣取他们所谓的"净利"。在11岁和12岁时，纳尔逊认为自己和老弟劳伦斯是在合伙经商，绝不承认养兔是为了好玩。

兄弟中最忙的是纳尔逊和劳伦斯。他俩承包了为全家擦皮鞋的任务，他们的零用钱自然就比别的兄弟多了。当然，别的孩子要想增加零用钱，也有不少家务活可干。这是洛氏家族的传统教育法。

有一天，约翰正在锡尔湾驾着一艘破旧的划艇尽情地嬉戏，邻居一个男孩对他说："你为什么不弄一艘汽艇呢？那多够劲！"

约翰惊讶得瞪大了眼睛，反唇相讥说："汽艇？你以为我们是什么人？是范德比尔特家的人吗？"

他们哪里知道，父亲拥有的财产与铁路大王相比竟然毫不逊色。

纳尔逊在上大学以后曾说："我们从来就没有家里很有钱的感觉。"

兄弟们上大学以后，每日家里给的津贴也很有限。小洛克菲勒要让他们学会在经济压力下生活。

孩子们健康地长大了。他们没有富家子弟乐于享乐和挥霍的恶习，却有着独立自主、蓬勃向上的精神。他们每个人都开创了自己的事业，这全靠严格有度的家庭教育，有赖于父母的以身作则、言传身教。

长子约翰身材修长，举止优雅，他的严于律己和腼腆的个性很像他的父亲。他以优异的成绩毕业于普林斯顿大学以后，立即投身于慈善事业，充当父亲的助手。

1931年，约翰已成为洛克菲勒基金会、普通教育委员会、洛克菲勒学会、中国医药会和其他一些组织共33个不同的理事会或委员会的理事。

1929年,一个偶然的机会使约翰做了一次环亚洲的旅行,他发现了一个影响各国经济发展的大问题——人口过多,从此约翰不遗余力地投身于节制生育、控制人口增长的活动。

他历尽艰辛,成立了人口协商会并任会长,慷慨解囊提供费用,派人到世界各地特别是亚洲调查人口出生率,并且设立了技术援助部门,对请求援助的国家给予技术援助。

他的不懈努力终于有了辉煌的结局。他草拟的一份关于控制人口增长的政策宣言分送给世界各国首脑后,得到30位世界领袖的签字和认同,其中包括美国总统约翰逊。他本人也成了美国设立的人口增长和美国前途委员会的主席。

头上已有了光环的约翰依然过着舒适而不奢侈的生活,他从不声张自己,出门时不坐豪华轿车,也不住豪华宾馆。

次子纳尔逊的性格与哥哥完全不同。他开朗乐观,精力旺盛,总是兴高采烈,爱出头露面。7岁时他对比他小两岁的弟弟劳伦斯说:"我长大了要当美国总统。"

他读大学时是个受同学欢迎的人物,是橄榄球队队员,还当过副班长。曾跟大学校长亲密地坐在一起,两人一块儿吃着花生米,边聊天边看体育比赛。他喜欢跟同学打成一片,经常骑自行车上学,但从不喝酒。

大学毕业后,他进入百老汇26号工作,成立了特别工程公司,专门做出租洛克菲勒中心的房地产业务,在经济不景气的时期,取得了惊人的成功。后来他担任洛克菲勒中心董事会的主席,代替大哥成了第三代的中心人物。

可是他对商人缺乏兴趣,喜欢富有挑战性的新奇事务,常被政治领袖所吸引。1940年他到委内瑞拉考察石油生意之后,找到一批智囊,写出一份《西半球的经济政策》,交给罗斯福总统的助手哈里·普特舍斯,得到罗斯福的赏识,很快被任命为新设的美洲事务协调官,从此步入政坛。

在后来的日子里,他在艾森豪威尔的政府里担任卫生、教育和福利副部长,还被任命为总统外事特别助理。

他的仕途并不顺利,从而深感权力的重要,他决心要向总统的宝座攀登。作为阶梯,从1959年开始竞选纽约州长,哈佛大学的历史教授基辛格是他的竞选班子成员。他担任了4届纽约州长,政绩不凡,然后开始竞选总统。

可惜的是因为他与妻子托德离婚,娶了一位年轻貌美的女子为妻,大大影响了他的声望,以致没有获得竞选总统提名。后来,只是担任了福特政府的副总统。

可是洛氏家族的触角已经伸入到美国以至世界的文化、经济、政治和外交等各个领域。基辛格为尼克松访华打前站来到北京时,还与纳尔逊通过电话。

三子劳伦斯沉默寡言,但是机敏过人。有人说他的神秘莫测和冷漠超然很像他的祖父。他在普林斯顿大学毕业后就进入洛克菲勒基金会工作。可是他一直想自己做点什么。

28岁时,他同朋友组建辛迪加,收购了东方航空公司,他成了最大的股东,他又在麦克唐纳飞机制造公司买了大量的股票,而这家公司因为第二次世界大战的大批订货而发了大财。他还参与了V

型火箭和其他航天研制项目，成了著名的航天工业巨头。

他善于捕捉商机，绝对相信自己的判断力，曾骄傲地宣称，他投资有90%的成功率。

他还继承父业，投身于自然保护事业。他花费200万美元买下6000亩土地移交给国家，作为供游人观赏的种植园，在众多的旅游胜地建起了漂亮的旅馆；他荣任了5届美国总统的自然保护顾问，被人誉为"自然保护先生"。

四子温思洛普长得高大英俊，却缺少活力。他是最让小洛克菲勒头疼的儿子，抽烟喝酒，完全无视家族的戒律。他不喜欢读书，却认为跟油田里那些粗鲁纯朴的工人在一起很开心。

最终他在阿肯色州找到了自己的位置。他在那里买下大片土地，建立了温洛克农场。他穿着牛仔裤、长筒靴，戴着宽边草帽在烈日下劳动，用心地经营着自己的产业。

他养的一种名叫"洛克"的种牛3年时间就长成体重2400磅的大个子，每头价值31000美元。他的农场成了阿肯色州的一大奇迹，每年吸引着50000多名游客。

在那里他还资助建立了师范学校和卫生所。1966年他竟以绝对多数的选票当选为州长，是1994年以来第一位取得胜利的共和党人。在任期内，虽然在演讲时有些磕磕巴巴，却是政绩斐然，为他的选民建立了上百家企业，每个人的年均收入增加了50%。

最小的儿子戴维个头儿矮小，聪明而温顺。他喜欢和爷爷在一起唱赞美诗，深得爷爷的宠爱。他做事稳健，有条不紊，从不让父母操心。

他在哈佛大学、伦敦经济学院和芝加哥大学读书和攻读学位，获得了经济学博士的头衔。他一生都在大通曼哈顿银行工作，凭着他的精明和才智，终于成为银行的董事长。他是美国金融界的霸主之一，还是杰出的国际银行家，热衷于国际事务的政治家、外交家。

1971年3月5日，戴维出席在罗马举行的欧洲企业家会议，他说："美国应当同苏联，特别是中国进行更多的贸易。""铁幕应当为玻璃板所代替。"

同3月9日，他又在新加坡的一次金融座谈会上说："我们应该与中华人民共和国建立联系。"

1972年美国总统尼克松访问中国，美国与中国正式建立了外交关系。同年6月，戴维踏上中国的土地，拜会了周恩来。他是第一位到中国访问的美国银行家。10天后，大通银行被指定为中国银行的客户银行。

2001年的金秋，戴维又一次出现在中国的北京。

洛克菲勒第三代的五兄弟分别成为美国政治、金融、工商企业等各个领域的巨头，对美国的内外政策发挥着不可忽视的作用。洛克菲勒家族的财富神话似乎仍在不断地续写着……

附：年　谱

1839年7月8日，诞生于美国纽约州里奇福德镇的一个农场里。

1852年，和弟弟一起进入奥韦戈中学学习。

1852年，全家搬迁至俄亥俄州的克利夫兰。

1854年，进入克利夫兰的一所中学就读高中。

1855年5月，辍学。在福尔索姆商学院接受为期3个月的商业培训。9月进入休伊特—塔特尔公司，担任簿记员的工作。

1858年，离开休伊特—塔特尔公司，与克拉克合伙，成立克拉克—洛克菲勒公司，主要经营农产品。

1863年，转向石油提炼投资，成立安德鲁斯—克拉克公司。

1864年，与劳拉·斯佩尔·曼洛克菲勒结婚。

1865年，在拍卖会上买下安德鲁斯—克拉克公司，更名为洛克菲勒—安德鲁斯公司。开办第二家炼油厂，成为克利夫兰的第一大炼油厂。

1866年，招入弟弟威廉·洛克菲勒为合伙人，成立纽约洛克菲勒公司，负责开拓欧洲市场和出口业务。

1867年，招入亨利·弗拉格勒为另一合伙人，公司更名为洛克菲勒—安德鲁斯—弗勒公司。

1870年，创立标准石油公司。

1872年，策划组建"改造南方公司"，因舆论反对而放弃。

1874年1月29日，儿子小洛克菲勒出生。

1882年1月2日，标准石油托拉斯成立。同泰德沃特公司达成协议，夺取了88.5%的管道运输业务。

1885年，标准石油公司纽约总部落成，百老汇26号成为公司的象征。

1886年，标准石油公司在北美地区设立了11个营销区，创立了天然气托拉斯。

1887年，弗拉希用氧化铜去硫法提炼莱玛石油成功。

1888年，在英国设立第一个标准石油公司海外分支机构——英美石油公司。

1889年，标准石油公司成立生产委员会，以保证原油供应组建印第安纳标准石油公司。

1890年，在不来梅成立德美石油公司。5月，俄亥俄州首席检察官沃森向该州的最高法院提出公诉，要求解散标准石油公司。7月，谢尔曼反托拉斯法通过。

1892年，俄亥俄州最高法院裁定俄亥俄州标准石油公司放弃托拉斯协议。3月1日，托拉斯宣布解散。公司重组，新泽西州的标准石油公司更名为新泽西标准石油公司。百老汇26号的执委会成员变为20家分公司的总裁。

1893年,开发梅萨比铁矿。

1897年,因健康恶化而退休,仍保留公司总裁头衔。

1899年,新泽西标准石油控股公司成立。

1901年,洛克菲勒医学研究所成立。

1906年,联邦政府在密苏里州起诉标准石油公司,要求解散。

1908年,写自传《漫议》。

1911年,最高法院宣判解散标准石油公司。

1913年,洛克菲勒基金会成立。

1937年5月23日,逝世。